M. C. Poets

Vavedi
Eine kurze Geschichte über das Ende des Homo capitalis

Roman

Die Autorin

M. C. Poets hat mehr als 60 Bücher aus dem Englischen ins Deutsche übersetzt. Seit 2014 veröffentlicht sie eigene Texte, teils in Verlagen, teils als Selfpublisherin. Vavedi ist ihr sechster Roman.

www.mcpoets.de

M.C. Poets

VAVEDI

Eine kurze Geschichte über das Ende des Homo Capitalis

Roman

Bibliografische Information der Deutschen Nationalbibliothek: Die Deutsche Nationalbibliothek verzeichnet diese Publikation in der Deutschen Nationalbibliografie; detaillierte bibliografische Daten sind im Internet über dnb.dnb.de abrufbar.

Herstellung und Verlag: BoD – Books on Demand, Norderstedt
ISBN: 978-3-750-41833-2

Für Regina

VAVEDI

Dieser Planet, den ihr die Erde nennt, wird seit Jahrtausenden von uns beobachtet. Seine Bewohner, insbesondere der Homo capitalis, wurden umfassend analysiert. Eure bisherige Entwicklung lässt keinen anderen Schluss zu, als dass es sich bei euch um eine zutiefst destruktive Spezies handelt, die dabei ist, die Lebensgrundlage für sich selbst und viele andere Lebensformen auf diesem Planeten zu zerstören. Ihr seid wie ein Virus, egoistisch und tödlich, und reißt alle anderen mit in den Tod, den ihr euch selbst bereitet.

Aus diesem Grund hat der Hohe Rat des Universums nach reiflicher Überlegung den Entschluss gefasst, euch zu eliminieren. Dabei handelt es sich nicht um eine Strafaktion, sondern um eine unvermeidbare Maßnahme, um das Überleben eurer Mitgeschöpfe zu gewährleisten und weitere Gefahren vom Universum abzuwenden.

Der Beschluss wurde von uns, den auf dem Planeten weilenden Rangern, umgesetzt. Auf der ganzen Welt wurde in Stadien, Konzerthallen und Tempeln, auf Bahnhöfen, Flughäfen und Marktplätzen ein Virus freigesetzt, das die Erde von euch befreien wird. Seit gestern ist die Phase eins abgeschlossen. Der Prozess lässt sich weder aufhalten noch umkehren.

Wir informieren euch darüber, dass eure Zeit auf diesem Planeten sich dem Ende entgegen neigt, damit ihr Gelegenheit habt, euch vorzubereiten und eure Angelegenheiten zu ordnen.

MALOU

Ich will mich erinnern.

Es ist ruhig, mein Tagwerk ist geschafft. Ich habe im Gemüsegarten die Beete gesäubert, die Tiere gefüttert, die Wäsche im Zuber eingeweicht und den Zaun am Hühnerstall repariert. Jetzt sitze ich auf unserer Bank und blicke über die Wiese hinunter zum Fluss. Die Bäume des nahen Hains flüstern im Wind, die Vögel verbreiten heitere Laune. In der Ferne ist ein leises Klappern und Scheppern zu hören. Jonas, der im Schuppen herumwerkelt.

Davon abgesehen ist es still. Ich versuche, mich daran zu erinnern, wie die Welt früher geklungen hat. Ich weiß, dass es lauter war, aber wie erinnerst du dich an Krach, an Lärm, an das Gefühl ständiger Reizüberflutung? Damals war ich mir der Geräusche um mich herum oft nicht einmal bewusst, das Hintergrundrauschen der Stadt gehörte einfach dazu.

Ich schließe die Augen und sehe Bilder vor mir. Das ist einfacher. Ich erinnere mich, wie die Welt damals aussah, die Stadt. Als der Fluss und mit ihm das Meer sich noch nicht so tief ins Land hineingefressen hatte, als auf der Straße am Hafen, wo heute das Wasser mehrere Meter hoch reicht, noch Autos fuhren. Nur in sehr trockenen Sommern und wenn der Wind günstig steht, kannst du dieser Tage dort gehen, wo sich früher bei schönem Wetter die Menschen drängten. Was die Flut und die Stürme von den Hafenmauern und Treppen übriggelassen haben, ist von Schlick, Algen und Tang bedeckt. Von den alten Fischbrötchenbuden und Cafés ist nichts mehr zu sehen; auch diese Läden, in denen es allerlei unnützen Schnickschnack zu kaufen gab, sind verschwunden. Das Salzwasser, die Sonne und der Regen haben ihnen zugesetzt, Sturmfluten haben sie davongetragen. Nur die Möwen schreien heute noch genauso wie damals. Spätestens zum Ende des Sommers, mit den ersten Herbststürmen, ist das alles wieder verschwunden. Einzig das alte Stahlgerippe der S-Bahntrasse ragt hie und da aus dem Wasser, wo es noch nicht, von Rost zerfressen, unter seinem eigenen Gewicht zusammengebrochen ist.

Die S-Bahn! Wie lange ist es her, dass ich dieses schrille Kreischen hörte, wenn der Zug eine Kurve fuhr, und diesen heftigen, künstlichen Wind aus abgestandener, nach verbranntem Gummi riechender Luft im Gesicht spürte! Und die Straßen – voller Autos, Lärm und Hektik. Die Menschen liefen auf diesen schmalen Wegen am Rand, nah an den Häusern. Nachts erhellten Laternen die Straßen der Stadt, dazu die Leuchtreklamen an den Geschäften, Lichter in den Vorgärten, taghelle Lampen in den Wohnungen. Bis tief ins Hinterland hinein sahst du die Lichtkuppeln über den Städten. Die Menschen kannten keine Dunkelheit, nicht so wie heute, wenn du in wolkenverhangenen Neumondnächten die Hand nicht vor den Augen siehst.

Unvorstellbar.

Vieles, was damals als selbstverständlich galt, ist heute unvorstellbar. Manchmal frage ich mich, ob dieses alte Leben womöglich nur ein Traum war. Der Traum von einer Welt, die so widersinnig, so faszinierend, so eigenartig war, dass sie nicht real gewesen sein konnte. Aber diese Welt hat existiert und überall ihre Spuren hinterlassen. Ihr Ende kam schleichend, doch es ließ sich weder aufhalten noch umkehren.

Ich erinnere mich noch gut daran, wie alles begann. An die Botschaft, die eines Tages im Internet auftauchte und von da an nicht mehr wegzudenken war. Überall im Netz, in allen Sprachen der Welt, gab es Texte und Audiobotschaften – selbst in Xiri, einem Dialekt afrikanischer Klicksprachen, der nur noch von neunzig Personen gesprochen wurde. In jedem Land, auf jedem Kontinent, in jedem Dorf, das mit der Welt verbunden war. Das ganze Internet war voll davon, du konntest ihr nicht entkommen. Sobald du den Computer oder dein Smartphone eingeschaltet hast, ploppte diese Nachricht auf. In jedem Forum tauchte sie auf, von diesen großen Social-Media-Plattformen mit Millionen Nutzern, die es damals gab, bis hin zu den kleinen privaten Chats und Foren, für die sich niemand interessierte außer den fünf Aktiven und den zwanzig Dateileichen. Du konntest ihr nicht entgehen.

Ich war vierzehn Jahre alt. Alt genug, um zu begreifen, aber zu jung, um etwas bewirken zu können. Ich war fasziniert von dieser Botschaft und allem, was mit den Rangern zu tun hatte, und damit war ich nicht allein. Mit meinen Freundinnen und Freunden aus der Schule lauerte ich auf jede Nachricht der Ranger, wir verfolgten die Nachrichten, wir stellten unsere Eltern und Lehrer zur Rede: Warum habt ihr es so weit kommen lassen?

Sie sagten: Glaubt diesen Unsinn nicht.

Aber wir waren jung. Wir fingen gerade erst an, die Welt zu verstehen. Unsere Generation war groß geworden mit dem Klimawandel, der Umweltverschmutzung, dem Artensterben und den Plastikbergen. Aber auch mit der Erschließung des Weltalls, mit dem Internet und der Vorstellung, dass Maschinen früher oder später den Menschen in fast allen Bereichen des Lebens ersetzen würden. Die ersten Autos fuhren ohne menschliches Zutun, die Menschen schickten sich an, den Mars zu betreten, mathematische Modelle legten nahe, dass irgendwo im Universum intelligentes Leben existieren musste. Warum also sollte es nicht auch außerirdisches Leben auf der Erde geben?

Viele Menschen allerdings leugneten hartnäckig, solange es ging. Zuerst die Tatsache, dass das Virus existierte, dann die Tatsache, dass es gefährlich und die Ursache für den Niedergang war. Ganz zu schweigen von der Existenz der Ranger.

Auch mein Vater versuchte, einfach so zu tun, als gäbe es das Virus nicht. Die Berichte darüber hielt er für Panikmache, selbst als die Existenz und Wirkungsweise von Usutu-2 längst nachgewiesen waren. Aber er zweifelte auch am Klimawandel oder dem Artensterben, oder besser an den Folgen, die beides für uns Menschen und diesen Planeten haben würden. Er freute sich vielmehr, dass die Frontscheibe seines Autos im Sommer nicht mehr von toten Insekten verklebt war, und solange er noch jeden Tag sein Stück Fleisch auf den Teller bekam, bereiteten ihm weder die Abholzung der Regenwälder noch das Verschwinden von immer mehr Tier- und Pflanzenarten Kopfzerbrechen. Er gab sich interessiert, was die tägliche Politik anging, war aber taub und blind für die größeren historischen Zusammenhänge. Seinen kleinen Wohlstand schrieb er allein sich selbst und seinem Fleiß zu. Die billige Kleidung aus Fernost, der günstige Kaffee aus Afrika oder die frischen Erdbeeren im Supermarkt, die das ganze Jahr über aus allen Teilen der Welt für ihn herangeschafft wurden, waren für ihn eine Selbstverständlichkeit – er war sogar so schamlos, sich darüber zu beschweren, dass die Früchte nach nichts schmeckten. Ein Leben ohne Auto lag außerhalb seiner Vorstellungskraft, seine jährlichen Fernreisen waren für ihn ein Menschenrecht.

Für den Zustand der Welt fühlte er sich in keiner Weise verantwortlich. Er lebte, als gäbe es nicht nur einen, sondern unendlich viele Planeten, die wir besiedeln und ausbeuten könnten. Ihm persönlich ging es gut, und das genügte ihm. Mehr als einmal warf ich ihm vor, seine Generation hätte die Erde zerstört, die sie einmal ihren Kindern, also uns, übergeben würde. Es schien ihn nicht zu interessieren, wie die meisten Alten.

Für uns Jungen, die wir schon vor der ersten Botschaft für unser Recht auf eine Zukunft auf die Straße gingen und die von den Regierenden kein Mitleid, sondern Handeln verlangten, hatte er nur herablassenden Spott übrig: Kommt erst einmal in unser Alter. Dann werdet ihr schon sehen. Die Jugend rebelliert immer, aber irgendwann werdet auch ihr zur Vernunft kommen.

Ich hasste ihn dafür.

Doch wer sagt, dass wir unter denselben Bedingungen nicht genauso gehandelt hätten? Ob wir, wenn wir die Gelegenheit gehabt hätten, nicht unsere eigenen Fehler gemacht und anschließend vertuscht, beschönigt und geleugnet hätten?

Sobald ich eine Weile ganz ruhig auf unserer Bank sitze, stelle ich fest, dass die Stille um mich herum so still gar nicht ist. Ich höre das feine Zupfen von äsenden Rehen, ohne dass ich die Tiere sehen könnte. Aber ich weiß, dass sie mich beobachten, denn für ihr Empfinden stelle ich immer noch eine Gefahr dar. Die jahrtausendealte, aus Erfahrung geborene Angst vor jenen Wesen, die aufrecht auf zwei Beinen laufen, hat sich tief in ihr Erbgut eingeprägt. Obwohl es nur noch wenige von uns gibt: Die Angst bleibt.

Das ferne Rauschen, das anschwillt und wieder leiser wird, ist das Atmen des Flusses, dessen Wellen ans Ufer schlagen. Früher hätte ich ihn hier oben niemals hören können – zu laut die Menschen, zu fern der Fluss.

Weiter hinten, am Ende der Wiese, führt eine Steintreppe hinunter zum Fluss. Sie muss schon sehr alt sein, denn sie war schon dort, bevor wir unsere Enklave gründeten. Wir haben sie all die Jahre instandgehalten, die Wildkräuter entfernt, das Laub beiseite gekehrt, hier und dort einen Trittstein befestigt, der sich gelockert hatte. Früher sind wir manchmal abends hinabgestiegen zum Wasser und haben der Sonne zugesehen, die sich hinter den Horizont zurückzog. Der Fluss ist breiter als früher, so breit, dass ich das andere Ufer nur noch bei klarer Sicht erkennen kann. Vor einigen Jahren waren in der Dunkelheit noch manchmal Lichter in der Ferne auszumachen, erst die helleren, die uns verrieten, dass die Menschen dort noch Elektrizität nutzten, später dann die unruhigen, matten Lichter von Lagerfeuern oder Fackeln, bis auch diese erloschen. Es ist lange her, seit ich unten beim Fluss gewesen war, es muss ein oder zwei Jahre her sein. Jonas und ich saßen auf einem dicken, umgestürzten Baumstamm und starrten in die zunehmende Dämmerung. Es war einer jener Momente, in denen mich bisweilen ein leichtes Grauen überkam: Wir waren ganz allein. Dort am Fluss waren schon keine Spuren der menschlichen Zivilisation mehr zu sehen; es schien fast, als hätte es uns nie gegeben. Den Rückweg die steile Treppe hinauf legten wir schweigend zurück, nur unser angestrengtes Atmen war zu hören. Wir sind alt geworden, Jonas und ich, und ich weiß nicht, ob ich in diesem Leben noch einmal am Ufer des Flusses stehen werde.

Einst war dies hier das Viertel der Reichen. Riesige Häuser, die einer ganzen Enklave Platz geboten hätten; Garagen mit gewaltigen Autos, halben Panzern gleich; Rasenflächen hinter den Häusern, die regelmäßig gemäht und gesprengt wurden, ohne dass Tiere darauf grasen durften. Von vielen dieser Villen sind nur noch überwucherte und verfallene Ruinen übriggeblieben. Längst nisten Eulen und Käuzchen in den alten Dachstühlen, finden allerlei Tiere wie Marder und Dachse Schutz vor den heftigen Stürmen im Frühjahr und Herbst und vor den heißen, trockenen Sommern. Die menschlichen Bewohner sind schon vor Jahren gestorben. Sie haben den Platz geräumt, und diejenigen, die es gut meinten mit der Welt, haben vorher dafür gesorgt, dass ihre Hinterlassenschaften so wenig Schaden anrichten wie möglich. Diese Häuser sind sauber leergeräumt, in ihnen findet sich kaum noch etwas, das nicht mit der Zeit verrotten und sich zersetzen würde, wenig, was den Boden oder die Luft noch über Jahre vergiften wird. Die Zeit, der Wind, der Regen und die Tiere tun ihr Übriges, doch es wird noch Jahre, Jahrzehnte dauern, bis die letzten Spuren von uns verwischt sein werden.

Ich beklage mich nicht. Ich mag diese Stille, diese Ruhe, diesen Frieden. Ich kann mich glücklich schätzen; wir leiden keinen Hunger, es mangelt uns weder an Wasser noch Kleidung noch an anderem Notwendigen. Wenn wir etwas brauchen, finden wir es zumeist im Magazin unserer Enklave, aus dem sich alle bedienen durften und das immer noch gut gefüllt ist. Solange es ging, haben wir in den Ruinen der Stadt nach Brauchbarem gesucht und alles zusammengetragen, was uns nützlich erschien: Kleidung, Bücher, Werkzeuge,

Küchengeräte, Möbel, Kerzen, Petroleum, Medikamente ... Obwohl in diesem Land, in dieser Stadt viel und gründlich aufgeräumt worden war, gab es von allem noch mehr als genug. Manchmal fanden wir auch Lebensmittel, vergessene Konservenvorräte, gut verpacktes Mehl, das noch nicht verdorben war, hin und wieder sogar Kostbarkeiten wie Zucker oder eine Handvoll Mandeln. Inzwischen ist alles Essbare natürlich längst verbraucht, doch von den meisten anderen Dingen gibt es noch so viel, dass Jonas und ich niemals alles aufbrauchen werden. Allerlei Kleider und Gerätschaften, Nützliches und auch das eine oder andere Kinkerlitzchen werden uns überdauern und noch lange Zeugnis ablegen von den letzten Tagen der Menschheit.

Nur eines fehlt mir bisweilen: andere Menschen. Ich weiß nicht, wie viele von uns es noch gibt – in der Stadt, in dem Land, auf der Welt. Aber es können nur noch wenige sein. Den letzten Wanderer, der uns Nachrichten brachte, haben wir vor drei Jahren gesehen. Er erzählte von Enklaven wie unserer, die immer kleiner werden; von Menschen, die immer älter werden; von Äckern und Wiesen, die sich allmählich in Wälder verwandeln; von Wegen, die kaum noch erkennbar sind; von Wölfen und Bären und anderen wilden Tieren; von Städten, in denen kaum noch ein Haus ganz ist; von Flüssen, die sich neue Betten schaffen, und von Deichen und Dämmen, die das Meer nicht länger aufhalten.

Und er erzählte davon, wie schön es sei, wie ruhig, wie friedlich – trotz der Gefahren, die von einer wieder wild werdenden Natur ausgingen. „Es ist ein schönes Ende“, sagte er.

Irgendwann wird es auch mit uns zu Ende gehen, mit Jonas und mir, und dieser Gedanke ist so unfassbar, dass er mir nicht einmal Angst macht.

XARIX

Auf dem Baum sitze ich und beobachte.

Malou ist jetzt eine alte Frau. Sie erinnert sich. Aber wenn sie *erinnern* sagt, meint sie das kurze Erinnern. Ein Leben, mehr nicht. Sie sind nicht in der Lage, sich an mehr zu erinnern. An alle Leben.

Wir erinnern alles. Ein Leben reiht sich an das nächste. Eine endlose Folge von Erfahrungen und Begegnungen. Wir haben alles erlebt, was Geschöpfe auf diesem Planeten erleben können – Glück und Leid, Geburt und Tod, Krankheit und Genesung, Kampf und Krieg und Frieden, Hunger und Völlerei, Flucht und Jagd, Trauer und stummes Entsetzen, stille Zufriedenheit. Alles.

Alles habe ich erfahren, und ich vergesse nichts. Kein Leben, keinen Tod, keinen Schmerz, keine Freude. Die Erde vergesse ich nicht, wie sie einmal war, lange bevor der Mensch wurde, was er heute ist. Das erste Lachen, das erste Wort, die erste Geste der Zärtlichkeit. Das erste Feuer, das erste Feld, das erste Haus. Den ersten Karren, das erste Werkzeug, das zugleich die erste Waffe war. Den ersten Krieg vergesse ich nicht, den ersten gewaltsamen Tod, das erste Mal, als ein Mensch einen anderen in Ketten legte. Menschen quälten und töteten mich.

Ich sterbe, werde wiedergeboren und beobachte.

Xarix ist mein Name. Die Seele ist kein Er, keine Sie, kein Es und alles zugleich. Kein Geschlecht kennt die Seele. Frei ist sie, um eine Bindung an jeden Körper zu wählen. Ich binde mich oft an Vögel. Als Albatros lebte ich lange Jahre fliegend über dem Meer. Ich war Spatz, Adler, Blaufußtölpel. Als Schwan wurde ich verehrt, selbst von den Menschen.

Vögel sind gute Beobachter. Sie kommen den Menschen oft nahe, doch als Huhn, Gans oder Ente ist das gefährlich. Auch das kenne ich. Wir binden uns an viele Körper, um alles zu lernen. Wie fühlt es sich an, zu den weniger Glücklichen zu gehören? In einem Stall mit Tausenden Artgenossen aufzuwachsen, nie den Himmel zu sehen, nie die Mutter zu kennen, früh umgebracht zu werden, viel zu früh, voller Schmerz. Kein schönes Leben, kein schöner Tod.

Hier auf der Erde wissen die Seelen nicht, dass sie in einem nächsten Leben selbst zu diesen Glücklosen gehören können. Wenn die irdische Seele einen toten Leib verlässt, bewahrt sie ihre Erinnerung. Tage, Wochen, sogar Jahre. Doch bei der neuen Bindung ist alles, was vorher war, wie ausgelöscht.

Anfang bei null.

KIRA

Viren sind winzig klein.

Sie können vollkommen harmlos sein oder so gefährlich, dass sie ganze Landstriche entvölkern. Die Forschung ist sich bis heute nicht einig, ob es sich bei ihnen überhaupt um Lebewesen handelt, denn Viren fehlt eine wesentliche Eigenschaft, die das Leben erst möglich macht. Alle Lebewesen haben einen Stoffwechsel und pflanzen sich fort. Mit anderen Worten: Sie essen und trinken und haben Sex. Viren dagegen haben nur Sex. Sie nutzen die Ressourcen der eroberten Zelle lediglich zur Fortpflanzung.

Seit sie das erste Mal im Biologieunterricht elektronenmikroskopische Aufnahmen aus dieser Welt bizarrer Formen und Farben gesehen hatte, war Kira fasziniert und wusste, dass sie unbedingt mehr über Viren erfahren musste. Sie las Bücher, lieh sich in der Bibliothek Filme aus und befragte ihren Biologielehrer, bis dieser die Geduld verlor und ihr seine eigenen Lehrbücher aus dem Studium lieh. Sie hängte sich Bilder von Viren über den Schreibtisch, studierte nach dem Abitur Mikrobiologie und hatte das große Glück, eine der wenigen festen Stellen in einem renommierten Forschungsinstitut zu ergattern.

Ihr Privatleben bestand im Wesentlichen aus ruhigen Abenden in ihrer kleinen Wohnung, an denen sie häufig noch Fachliteratur las, und den sonntäglichen Mittagessen mit ihrer Familie. Männer existierten in Kiras Welt nur in Form von Kollegen, nicht als potenzielle oder reale Lebensgefährten oder Sexualpartner. Obwohl sie durchaus gerne Zeit mit ihrer Nichte Malou verbrachte, träumte sie weder vom Heiraten noch von einer eigenen Familie. So gesehen sei sie eine Sackgasse der Evolution, wie sie eines Sonntags scherzhaft zu ihrer Schwester sagte. Das neue Virus war noch nicht auf der Welt, trotzdem gab es schon seit Langem gute Gründe, sich über den Umgang des Menschen mit seiner Umwelt Gedanken zu machen.

„Wieso das?", wollte Elena wissen und nahm sich noch etwas Gemüse.

„Weil der einzige Lebenszweck eines Individuums, gleich welcher Spezies, ob Tier oder Pflanze, darin besteht, sich fortzupflanzen."

„Wie unromantisch", sagte Elena. „Das soll alles sein? Wir sind nur hier, um Kinder zu zeugen und aufzuziehen?"

„Im Grunde genommen ja", sagte Kira. „Falls du also je nach dem Sinn des Lebens gesucht hast: Hier ist er."

„Sei doch nicht albern", sagte Elena. „Das Leben besteht aus weit mehr. Kinder gehören zwar dazu, aber der Mensch braucht doch auch einen erfüllenden Beruf, eine Aufgabe im Leben, Werte, an denen er sich orientiert ..."

„Ich spreche nicht von dem Sinn, den wir Menschen dem Leben geben, sondern davon, was die Evolution für uns vorgesehen hat", sagte Kira.

Elena seufzte. „Manchmal bist du von deinem ganzen Fachwissen so vernagelt, dass du gar keinen Blick mehr für die schönen Dinge des Lebens hast."

„Keineswegs", sagte Kira. „Ein Virus unter einem Elektronenmikroskop ist wunderschön. Eine elegante mathematische Beweisführung hat etwas Poetisches. Wenn ich herausfinde, welche Aufgabe ein bestimmter Genabschnitt hat, bin ich wie im Rausch und könnte die ganze Welt umarmen."

Einen Moment lang war es ganz still, verblüfft starrte Elena ihre ältere Schwester an. Und so etwas kam von Kira, der vernünftigen, sachlichen, stets etwas kühlen Wissenschaftlerin?

„Aber wenn es nur darum geht, sich fortzupflanzen", fragte Malou, „warum hat sich dann die Evolution die Mühe gemacht, so viele Lebewesen mit komplexen Körpern auszustatten?"

„Um den eigenen Nachkommen die besten Überlebenschancen zu bieten und das Weiterbestehen der Spezies zu gewährleisten." Kira geriet ins Dozieren, und Elena verdrehte die Augen.

„Je komplexer das Lebewesen, desto mehr Aufwand ist nötig, um den Körper heranreifen zu lassen, bis er seiner eigentlichen Aufgabe nachkommen kann", sagte Kira. „Bei Einzellern genügt es, den Stoffwechsel einer Zelle so zu gestalten, dass die Zelle lange genug gesund bleibt, bis sie sich teilt und ihre Tochterzellen gebiert. Doch je größer der Körper wird, desto mehr spezialisierte Zellen bilden sich aus. Bis hin zu den komplizierten Organsystemen der Säugetiere, am Laufen gehalten durch unzählige biochemische Prozesse. Das gesamte Leben ist ein unablässiges Wechselspiel innerer und äußerer Faktoren. Jeder Organismus reagiert auf Einflüsse von außen, auf Hitze und Kälte, auf das Nahrungsangebot, auf die Bedrohung durch Feinde. Die komplexeren Arten werden nicht nur von der Umwelt beeinflusst, sie verändern ihrerseits die Welt, in der sie leben. Termiten bringen ganze Häuser zum Einsturz, Biber stauen Flüsse auf und verändern ihren Lauf, große Tiere wie Elefanten sorgen dafür, dass die afrikanische Steppe offen bleibt. Der Mensch unterscheidet sich also im Grunde gar nicht so sehr von anderen Lebewesen. Allerdings geht er dabei wesentlich rabiater vor. Er kennt kein Maß und zerstört die Welt, in der er lebt – und das alles nur, um seinem Nachwuchs die besten Überlebenschancen zu sichern."

„Wie ein Virus", sagte Malou leise, „das seinen Wirt tötet, und, wenn es nicht rechtzeitig zum nächsten Opfer weiterwandern kann, mit ihm stirbt."

„Ganz genau", sagte Kira.

Als Wissenschaftlerin war Kira daran gewöhnt, mit bisher unbekannten Phänomenen konfrontiert zu werden und Strategien zu entwickeln, wie diese sich am effektivsten erforschen und analysieren ließen.

Natürlich las sie die Botschaft, die eines Tages im Netz auftauchte und in der das Ende der Menschheit angekündigt wurde – ausgerechnet durch ein Virus.

Nein, war ihr erster Gedanke. Ausgeschlossen. So ein Virus müsste ausnahmslos jeden Menschen infizieren und töten, und dazu würde es niemals kommen. Erstens, weil die Menschen Schutzmaßnahmen ergreifen würden – Quarantäne, Einschränkungen des öffentlichen Lebens, Impfungen, Medikamente, so wie damals bei der Coronapandemie. Und zweitens würde es durch natürliche Resistenzen immer Menschen geben, denen das Virus nichts anhaben könnte.

Diese Botschaft konnte also nur ein dummer Streich sein – aber wer mochte dahinterstecken? Gelangweilte Kids, die irgendein übles Zeugs geraucht hatten? Eine russische Trollfabrik, die Verwirrung und Chaos stiften sollte? Eine Gruppe hochbegabter Nerds, die das gesamte Internet beherrschte? Antinatalisten, die sich aus ethischen Gründen dafür aussprachen, keine Kinder mehr in die Welt zu setzen?

Wer immer es auch war, eines war sicher: Da war jemand sehr gut vernetzt und verfügte über nahezu unbegrenzte Geldmittel – oder konnte auf ein Heer von Übersetzerinnen und Programmiererinnen zurückgreifen, die ihre Arbeitszeit kostenlos zur Verfügung stellten. Aber wer würde so einen Aufwand betreiben, nur um den Menschen auf der ganzen Welt mit einem schlechten Scherz zu erschrecken?

Und dann war da noch die Sache mit den Rangern. Aliens. Außerirdische, die angeblich seit Jahrtausenden unentdeckt mitten unter den Menschen lebten. Kira mochte das nicht recht glauben.

„Warum nicht?", fragte Malou mit dem ganzen Eifer einer Vierzehnjährigen, der sich nicht darum scherte, ob er naiv wirkte. „Wie kannst du dir so sicher sein?"

Natürlich hatte Malou recht – niemand konnte mit absoluter Sicherheit ausschließen, dass sich auf der Erde andere Lebensformen außer den irdischen tummelten. Den Beweis zu erbringen, dass etwas *nicht* existierte, war nahezu unmöglich. Und hatte die Geschichte der Menschheit nicht immer wieder gezeigt, dass vieles, was lange Zeit als unvorstellbar galt, irgendwann Allgemeinwissen geworden war? Vor der Erfindung des Mikroskops wäre niemand auf die Idee gekommen, dass winzige Organismen gefährliche Krankheiten übertragen könnten.

Gleichwohl blieb Kira zunächst skeptisch, was diese Botschaft, das mögliche Virus und die angeblichen Aliens anging. Ohne weitere Informationen, entschied sie, würde sie sich kein abschließendes Urteil erlauben.

Wenige Tage später stand sie neben ihrem Chef in einem der Hochsicherheitslabore. Sie habe ja gewiss von dieser Botschaft der angeblichen Aliens gehört. Er deutete auf ein kleines Fläschchen vor ihnen auf dem Tisch.

„Heute Morgen haben offenbar renommierte Forschungslabore auf der ganzen Welt solche kleinen Glasfläschchen in der Post gefunden", sagte der Professor. „Ich habe bereits Rücksprache mit ein paar befreundeten Kollegen gehalten. Angeblich befinden sich in diesen Fläschchen Proben des vermeintlich gefährlichen Virus." Er musterte Kira über den Rand seiner Halbbrille hinweg.

„Vermutlich handelt es sich nur um einen geschmacklosen Scherz", sagte er, „trotzdem möchte ich, dass Sie sich die Probe einmal ansehen. Reine Routine, versteht sich."

Kira schluckte ihre Verärgerung herunter. Sie war sicher, dass sie nichts von Belang darin finden würde, trotzdem musste sie dafür ihre Arbeit am Epstein-Barr-Virus unterbrechen.

Die ersten Tests ergaben, dass die Probe Viren enthielt, doch das war keine Überraschung, im Gegenteil. Viren waren überall – auf der Haut, in der Atemluft, im Wasser, auf Oberflächen, im Essen. Die meisten davon waren vollkommen harmlos, nur wenige hatten das Potential, Menschen krank zu machen und gar zu töten. In der Probe fand sich allerdings keine bunte Virenmischung, wie sie es erwartet hätte, sondern nur ein einziges, das allerdings in hoher Konzentration. Kira machte sich daran, das Virus zu sequenzieren, und als sie das Ergebnis hatte und die Daten vor sich auf dem Computerbildschirm sah, wurde ihr zum ersten Mal ein wenig mulmig zumute.

Das Virus, mit dem sie es hier zu tun hatte, wies Merkmale von zwei bekannten Erregern auf: dem Usutu-Virus, das seit einigen Jahren die Amselbestände in Mitteleuropa dezimierte, für den Menschen hingegen ungefährlich war, und dem Herpes-Simplex-Virus, das dem Menschen lästige, juckende Bläschen bescherte, aber mitnichten tödlich war.

Kira informierte ihren Chef. Die Probe wurde ein weiteres Mal untersucht, mit demselben Ergebnis. Der Professor kam persönlich ins Labor, um sich die Sache genauer anzusehen, doch auch er konnte nur zum gleichen Schluss kommen wie Kira. Anderen Forschungslabore, die Proben des

Virus erhalten und es gleichfalls untersucht hatten, bestätigten Kiras Entdeckung: Sie hatten es mit einem Virus zu tun, das sich aus Teilen von zwei bereits bekannten und gut erforschten Viren zusammensetzte.

Das RKI gab eine Pressemitteilung heraus, die jedoch nur ein geringes Medienecho hervorrief. In Deutschland hatte gerade wieder einmal ein heftiges Hochwasser ganze Ortschaften weggespült, die USA wurden von einem Korruptionsskandal erschüttert, der bis ins Weiße Haus reichte. In Brasilien drohte eine Explosion in einer Chemiefabrik einen ganzen Landstrich zu verseuchen, und Chinas Militär schlug die wieder aufflackernden Proteste im besetzten Taiwan gewaltsam nieder. Gegen diese Konkurrenz im Aufmerksamkeitswettkampf hatte es ein kleines Virus, von dem niemand sagen konnte, ob es überhaupt irgendeinen Schaden im menschlichen Körper anrichtete, schwer. Die meisten Menschen, die weder von Hochwasser noch von Korruptionsskandalen, Chemieunfällen oder staatlicher Gewalt betroffen waren, hatten zu diesem Zeitpunkt ohnehin andere Sorgen. Wer würde dieses Jahr Weltmeister werden? Wohin soll ich in Urlaub fahren? Woher sollen wir das Geld für die nächste Gasrechnung nehmen? Wie finde ich einen Kitaplatz für mein Kind?

Und die Politik? Sie wurde auch nur von Menschen gemacht, und auf der ganzen Welt waren die Menschen geübt im Nicht-ernst-Nehmen, im Leugnen und Kleinreden und Erst-einmal-Abwarten. Die meisten Verantwortlichen, die in der Lage wären, überhaupt irgendetwas zu unternehmen, taten die Angelegenheit mit einem Achselzucken ab. Kira gab sich in diesem Punkt keinen Illusionen hin. Sie haben ein neues Virus entdeckt? Interessant. Ist es gefährlich? Sie wissen es nicht? Ja dann. Schönen Tag noch und auf Wiedersehen.

Das öffentliche Interesse am Virus, das niemals besonders groß gewesen war, ging im Strudel der ganz alltäglichen Katastrophen rasch unter. In den virologischen Forschungslaboren auf der ganzen Welt dagegen herrschte die reinste Goldgräberstimmung. Dass Viren ständig mutierten, wusste inzwischen jedes Kind, aber in diesem Fall hatten sie es nicht mit einem mutierten Usutu- oder Herpes-Virus zu tun – dazu hatte das neue Virus zu viele und zu ausgeprägte Merkmale von beiden Viren in sich vereint und zugleich einen hohen Anteil vollkommen neuer Merkmale. Es schien fast, als hätte jemand aus zwei bekannten Viren und ein paar weiteren Zutaten ein neues, drittes zusammengebaut. Doch das war ausgeschlossen. Eigentlich. Die Wissenschaft war zwar inzwischen in der Lage, einzelne Gene von einem Organismus in einen anderen zu transferieren, und diese Technik, auch bekannt als Genschere, wurde auch fleißig angewandt. Doch bis zu diesem Zeitpunkt war es keinem Menschen – oder besser, keinem Forscherteam – gelungen, ein komplett neues lebensfähiges Virus zu synthetisieren. Aber offenkundig hatte jemand bei diesem Virus das Unmögliche geschafft, und jetzt galt es, diesem Kunststück auf die Schliche zu kommen.

Hier ging es nicht um Grundlagenforschung, hier ging es um angewandte Wissenschaft und somit um Geld, um sehr viel Geld. Die große Frage lautete nicht, wie sich dieses Virus im menschlichen Körper verhielt, sondern wie es entstanden war. Wieso *existierte* es überhaupt? Die Beantwortung dieser Frage versprach einen Quantensprung in der Entwicklung der CRISPR/Cas-Methode. Wer dem neuen Virus vor allen anderen sein Geheimnis entlockte, würde mit Ruhm und Reichtum überhäuft werden. Wahrscheinlich würde am Ende sogar der Nobelpreis auf die Glücklichen warten.

Kira vermutete, dass sich unzählige Institute und Universitäten weltweit an dem Wettlauf beteiligten, doch niemand sprach öffentlich darüber, aus Furcht, Neider oder gar Spione anzulocken. Als Kiras Chef sie fragte, ob sie das neue Forschungsprojekt übernehmen wolle, sagte sie sofort zu. Was war schon das Epstein-Barr-Virus gegen diese Chance? Das neue Virus fasziniert sie; wenn sie an die vor ihr liegende Aufgabe dachte, verspürte sie sofort dieses Kribbeln der Neugier, und sie brannte darauf, mit der Arbeit zu beginnen. Ihr bot sich die Möglichkeit, etwas vollkommen Neues zu entdecken, vielleicht sogar Geschichte zu schreiben.

Sie durfte sich ein eigenes kleines Team zusammenstellen, bekam ein größeres Büro und ein Budget, mit dem sie komfortabel arbeiten konnte. Das Virus wurde Kiras täglicher Begleiter. Sie betrachtete es im Elektronenmikroskop, studierte Vermehrungsweise und Aufbau; sie analysierte seinen Code und diskutierte stundenlang mit ihrem Team darüber, wie sie hinter das Geheimnis des Virus kommen könnten. Dabei musste sie immer wieder an diese Botschaft denken, mit der vor wenigen Wochen alles begonnen hatte. *Auf der ganzen Welt wurde ein Virus freigesetzt, das die Erde von euch befreien wird.* Mit ihrem gesamten Wissen über Viren und die Biologie im Allgemeinen und die des Menschen im Besonderen war sie immer noch fest davon überzeugt, dass kein Virus in der Lage war, die Menschheit zu vernichten. Das war auch Konsens unter den Forschenden: Das neue Virus war hochinteressant, aber mit an Sicherheit grenzender Wahrscheinlichkeit ungefährlich.

Aber war nicht ein künstlich erschaffenes Virus genauso unwahrscheinlich wie die Vernichtung der Menschheit?

Kira sprach mit niemandem darüber, aus Furcht, sich lächerlich zu machen, aber diese eine Frage ging ihr nicht aus dem Kopf, schwang im

Verborgenen ständig mit und beeinflusste ihre Gedanken, ob sie wollte oder nicht: Was, wenn das Virus doch gefährlich war? Sollte nicht gerade sie als Wissenschaftlerin offen sein für das Unerwartete, das Unerklärliche? Durfte sie irgendeine Möglichkeit ausschließen, nur weil sie der aktuellen Lehrmeinung widersprach?

Irgendwann in diesen ersten Wochen fragte Malou sie einmal, ob die Existenz des Virus nicht der Beweis sei, dass auch die Ranger und dieser Hohe Rat tatsächlich existierten. Ob es nicht ganz und gar nachvollziehbar sei, dass Wesen, die klüger seien als wir, die uns beobachteten und sähen, was wir anrichten, eines Tages beschlössen, unserem Opfer, diesem Planeten, zu helfen?

Malou war vierzehn. Sie durfte solche Fragen stellen; sie durfte den Glauben an die Überlegenheit und Einzigartigkeit des Menschen in Zweifel ziehen.

„Natürlich ist es angesichts der unermesslichen Größe des Weltalls nicht auszuschließen, dass es irgendwo im Universum andere intelligente Lebensformen gibt“, räumte Kira ein. „Aber diese würden so weit von der Erde entfernt leben, dass ein Kontakt ausgeschlossen wäre.“

„Wir wissen vielleicht nicht, wie wir Entfernungen überwinden sollen, für die wir kaum Worte haben“, sagte Malou. „Aber warum ist es so unvorstellbar, dass anderen längst gelungen sein könnte, was uns unmöglich erscheint?“

Sie war vierzehn, und sie lachte nur über die angebliche Klugheit des weisen Menschen.

VAVEDI

Wie lange lebt ihr schon unter uns?
Seit Jahrtausenden leben wir mitten unter euch.

Warum sehen wir euch nicht?
Ihr seht uns, jeden Tag, überall. Wir leben in Pflanzen, Tieren und Menschen.

Wenn es euch wirklich gibt, dann zeigt euch und versteckt euch nicht hinter euren Fakenews!

Ich hab's ja schon immer gewusst, dass wir nicht allein sind.

Wie könnt ihr in Pflanzen und Tieren leben?
Ein Individuum besteht immer aus einem Körper und einem Bewusstseinsmolekül, das eine feste Bindung mit dem Körper eingeht und überall auf feinstofflicher Ebene Einfluss nimmt. Einige von euch spüren, dass es mehr gibt als den Körper, der nach dem Tod verrottet und vergeht. Ihr nennt es Seele, Geist, Bewusstsein, Psyche oder Anima. Doch ist es kein Wissen, sondern nur eine Ahnung, die euch im besten Fall leitet und

hoffen lässt. Im schlimmsten Fall negiert und ignoriert ihr es.

Guten Tag, ich hätte gerne einen Kaffee.

Boutross ist doof.

Jeder Körper verbindet sich bei der Geburt mit einem Bewusstseinsmolekül, und es kommt zu einem Wechselspiel zwischen Körper und Molekül. Beim Tod des Körpers löst sich das Molekül und kann sich einen neuen Bindungskörper suchen.

Scheiß Aliens, verpisst euch.

Hallo Bailong, ich grüße dich und hoffe, es geht dir gut!

Dieses Molekül - nennen wir es die Seele - macht den Kern eines Individuums aus und prägt seinen Charakter. Doch auch der Körper wirkt seinerseits auf das Molekül ein, sodass die Seele nach dem Tod des Körpers, kaum wahrnehmbar, aber dennoch verändert weiterzieht. Die Seele kann dazulernen und sich weiterentwickeln.

Wir Menschen sind doch nicht nur schlecht. Wir haben so viel erschaffen – große Bauwerke, Kunst, Musik, Literatur! Wir sind doch keine Monster!

Ein Seelenmolekül kann sich an jeden Körper binden, es gibt keine spezifischen Seelen für Hunde, Fische oder Ameisen.

Scheint nicht ganz geklappt zu haben mit der Ausrottung, was? Seit eurer Botschaft sind vier Monate vergangen, und was ist passiert? Nichts. Loser.

Mein Nachbar rettet regelmäßig verwaiste junge Wildtiere, das ist kein schlechter Mensch!

Warum wollt ihr uns vernichten?
Im Unterschied zu allen anderen Bewohnern des Universums können sich die Seelen dieses Planeten nicht an die Leben erinnern, die sie in anderen Körpern geführt haben. Eure Bewusstseinsmoleküle können keine Erinnerungen speichern, diese werden gelöscht, sobald sie sich mit einem neuen Körper verbinden, und ihr fangt wieder bei null an.

Wow, das hier funktioniert ja super als Übersetzungssoftware. Cool.

Wenn ihr euch erinnern würdet, stündet ihr vielleicht nicht dort, wo ihr heute steht. Wer könnte noch Fleisch essen, nachdem er einmal am eigenen Leib das Leid eines Tieres erfahren hat, das vom Menschen nur als Nahrung betrachtet wurde?

TALBERT

Als er sich in den Urlaub verabschiedete, sagte Arne noch, er solle sich bloß kein Virus einfangen. Blödmann. Talbert flog zwar nach Indonesien, und man kannte das ja: Das Wasser, das bei denen aus dem Hahn kam, taugte höchstens für die Klospülung. Aber er wusste, dass Arne dieses andere Virus meinte, das vor ein paar Monaten aufgetaucht war.

Ein Virus, das die Menschheit vernichten würde? Was sollte das denn werden, Corona die Zweite, oder was? Die sollten ihn bloß in Ruhe lassen mit dieser ständigen Hysterie – Kriege, Katastrophen, Klimawandel und jetzt noch eine neue Seuche.

So ein Getue um dieses Virus, oder besser um diese depperte Botschaft. Die Menschen sterben aus! Die Welt geht unter! Das Ende naht! Hu, da fürchtete er sich aber! Mit genau demselben Spruch standen die Zeugen Jehovas regelmäßig vor seiner Tür. Aber diese durchgeknallten Memmen würden ihm keine Angst machen, ihm nicht!

Okay, dass diese Botschaft in allen möglichen Sprachen aufgetaucht ist – alle Achtung, da hat sich jemand gewaltig ins Zeug gelegt. Unmöglich war so was allerdings nicht. Man brauchte nur genügend Übersetzer und Nerds und Geld, um die Leute zu bezahlen. Aber daraus jetzt einen Beweis zu stricken, dass an der Geschichte was dran sei … Nee, da konnten die sich jemand anders zum Verarschen suchen.

Natürlich wusste er, dass Wissenschaftler tatsächlich ein Virus gefunden hatten. Na und? Er musste an dieses Lied denken, das sie früher im Bus auf der Klassenfahrt gegrölt hatten, oder später besoffen in der Kneipe: *Die Wissenschaft hat festgestellt, festgestellt, festgestellt, dass Marmelade Fett enthält, Fett enthält. Drum essen wir auf jeder Reise, jeder Reise, jeder Reise, Marmelade eimerweise, eimerweise. Marmelade, Marmelade, Marmelade, die essen wir alle so gern.* Total bescheuert, und jetzt hatte er einen Ohrwurm, aber es war doch so: Die Wissenschaft entdeckte ständig was Neues. Jetzt hatten sie das Virus aufgespürt, und in ein paar Monaten würden sie einen Impfstoff oder ein Gegenmittel oder so was entwickeln. Hatte man ja bei Corona gesehen, wie schnell das gehen konnte.

Er würde sich jedenfalls nicht die Laune verderben lassen. Drei Wochen Indonesien, Vier-Sterne-Hotel, all inclusive … Ein bisschen Spaß musste einfach sein. Wozu war man sonst auf der Welt?

Schon im Flieger waren alle in Urlaubsstimmung, keiner dachte an dieses Virus oder an das böse CO_2, das sie alle zusammen rauspusteten. Alle waren in Ferienlaune, der Whiskey, den er sich gönnte, war ganz passabel, und die Frau auf dem Platz neben ihm lächelte ihn vielversprechend an.

„Hi“, sagte er, „ich bin Talbert.“

„Ich bin Isa“, sagte sie. Er merkte, wie sie ihn kurz abcheckte, und hielt die Luft an. Dann lächelte sie wieder. Erster Test bestanden. Aber ehrlich gesagt wunderte ihn das nicht. Er sah jünger aus als dreiundvierzig, und das Fußballtraining zwei Mal in der Woche hatte ihn bisher vor einem Bauch bewahrt. Wie sich herausstellte, hatten sie beide dasselbe Resort gebucht, und sie war wie Talbert allein unterwegs. Wenn das kein guter Start war!

Der Urlaub ließ sich dann auch prima an. Bestes Wetter, Sonne ohne Ende, super Essen im Hotel. Die Hotelangestellten waren nett und sprachen fast alle Deutsch oder Englisch, die Insel war ein Traum.

In der ersten Woche mietete er einen Wagen und lud Isa zu einer Spritztour ein. Bei der Autovermietung hatten sie natürlich keinen BMW, nur einen älteren Daimler der G-Reihe, den er eigentlich aus Prinzip nicht fuhr. Aber ehe er sich in so einen Fiat quetschte oder mit einem Hyundai sein Leben riskierte, biss er lieber in den sauren Apfel.

Isa saß neben ihm, während er sich mit dem Wagen vertraut machte. Natürlich wusste er ziemlich viel darüber, er musste schließlich wissen, was die Konkurrenz so trieb.

„Das ist ein G 63 AMG“, erklärte er Isa. „Hätte ich gar nicht gedacht, dass ich so etwas hier finde. 5,5-Liter-V8-Biturbo, 544 PS. Die Karre hat einen Zweilamellen-Grill und Stoßfänger mit größeren Lufteinlässen. Dazu kommen die 7G-Tronic Plus mit Start-Stopp-Automatik und das Infotainmentsystem Comand Online mit Navigationssystem und Internetzugang. Serienmäßig.“

Isa wirkte nur mäßig interessiert. Klar, das wäre ja auch zu schön gewesen, wenn sie sich auch noch für Autos erwärmen würde. Ansonsten aber war sie ein prima Kerl, sie unternahmen viel zusammen und hatten jede Menge Spaß.

„Du kennst dich aber aus“, sagte sie nach einer Weile.

„Ist mein Job. Ich entwickle diese Dinger.“

„Verbrenner? Oder E-Autos?“

Talbert lachte spöttisch. „E-Autos? Das ist doch der größte Bluff aller Zeiten.“

„Wieso? Ich dachte …“

„Weil deren Gesamtbilanz inklusive Herstellung tausendmal umwelt- und klimaschädlicher ist als bei jedem Verbrenner.“ Vor allem das mit dem Klimaschutz kam meistens gut an, sogar bei seiner Tochter. „Ein sparsamer Benziner hat eine bessere CO_2-Bilanz als ein E-Auto.“

„Ach“, sagte Isa.

Er lachte. „Nicht so dein Thema, was? Schon gut, ich halte den Mund.“ Er riss sich zusammen und sagte keinen Ton mehr zum Thema Auto und Technik.

Um die Mittagszeit entdeckten sie ein kleines Lokal direkt am Meer. Sie waren die einzigen Touristen weit und breit, und das Englisch auf der Speisekarte war ein unverständliches Kauderwelsch. Er wollte schon vorschlagen, weiterzufahren, als Isa ihr Smartphone zückte und etwas eintippte. Kurz darauf deutete sie auf zwei Gerichte. „Das sind Garnelen, und das hier ist Huhn in Erdnusssoße.“

„Praktisch, so eine Übersetzungsapp“, sagte er.

„Das ist VAVEDI“, sagte sie. Er hatte keine Ahnung, wovon sie sprach.

„Du weißt schon, von den Rangern, diesen Aliens mit ihrem Virus. Die haben doch diese Website ins Netz gestellt, auf der jeder Fragen stellen kann. Gibt's als App und für den Browser.“

„Ach ja, stimmt.“ Er erinnerte sich, dass Malou mal so etwas erwähnt hatte, und tat, als wüsste er Bescheid.

„Die nutze ich nur noch als Übersetzungsapp, ist tausendmal besser als alles, was sonst so auf dem Markt ist.“ Isa zeigte ihm die App. „Du tippst oder diktierst deine Frage oder was auch immer ein, und kurze Zeit später siehst du die Übersetzung – in jeder beliebigen Sprache. Hier, in dem Menü kannst du die Sprache wechseln. Du kannst es dir auch vorlesen lassen."

„Und das funktioniert?"

„Und wie. Eine Freundin von mir spricht Farsi, wir haben die App zusammen ausprobiert. Die Übersetzungen sind absolut fehlerfrei, wie von Muttersprachlern. Echt erstaunlich."

Er nickte und hoffte nur, dass jetzt keine Diskussion über Ranger oder Viren oder das Ende der Menschheit folgte.

Isa schien seine Gedanken zu erahnen. „Keine Angst", sagte sie. „Ich glaube nicht an Außerirdische. Auch wenn sie gut übersetzen können."

Sie bestellten Garnelen und Huhn, und Isa bedankte sich mit Hilfe der App auf balinesisch bei der Bedienung, die vor Freude ganz aus dem Häuschen geriet.

„Meine Tochter ist seit Neuestem Veganerin", sagte Talbert unvermittelt. Er hatte keine Ahnung, wieso er gerade an Malou denken musste. Vielleicht, weil sie diesen Urlaub nicht genossen hätte, sondern die ganze Zeit nur mit Schmollmiene herumgelaufen wäre.

„Du hast eine Tochter?", fragte Isa.

Scheiße, dachte er. Wo eine Tochter ist, musste ja auch eine Frau sein oder zumindest mal gewesen sein, und das machte sich nie gut, selbst bei einem Urlaubsflirt.

„Malou ist vierzehn und lebt in Hamburg bei ihrer Mutter", sagte er. „Wir treffen uns nur selten, zoomen aber oft. Sie macht bei diesen Fridays-for-Future-Leuten mit, und jedes Mal, wenn wir reden, schimpft sie mit mir. Am liebsten hätte sie mir diesen Urlaub verboten. Wegen Klima und so. Du weißt schon."

Er erinnerte sich noch gut an ihren letzten Besuch. Verzichten, hatte sie gesagt, sie müssten alle mehr verzichten. Sie würden alle viel zu viel verbrauchen und dadurch die Erde zerstören. Als er mit ihr Burger mit Pommes essen gehen wollte, wie sie es immer getan hatten, war sie ihm fast an die Gurgel gegangen, und als sie in sein neues BMW-Coupé einsteigen sollte, zog sie ein Gesicht, als hätte sie den Wagen am liebsten eigenhändig zertrümmert. Und so war das pausenlos weitergegangen. Sie hatte kaum ein gutes Haar an irgendwas gelassen. Seine Wohnung war viel zu groß für ihn. Er aß zu viel Fleisch. Er benutzte zu viel Plastik. Und seinen Job fand sie plötzlich richtig ekelhaft. Wer Autos baut, kann auch gleich Bomben bauen, hat sie gesagt.

Isa lächelte verständnisvoll. „Ja, Kids in dem Alter können ziemlich anstrengend sein."

„Wenn sie erwachsen ist, kann sie ja meinetwegen machen, was sie will. Aber sie ist noch ein Kind, da glaubt man doch jeden Scheiß, den irgendwelche Idealisten und Weltretter so herausposaunen. Und jetzt will sie mit ihren vierzehn

Jahren *mir* erzählen, wie ich mein Leben zu leben habe? Bin ich etwa persönlich verantwortlich für alles Elend auf der Welt? Wenn irgendjemand meint, die Welt retten zu müssen und gerne in einer unbeheizten Bude hausen und sich nur in Lumpen kleiden will – bitte schön. Aber die sollen mich bloß damit in Ruhe lassen."

„Wow", sagte Isa, „da hat sich ja einiges aufgestaut. Aber lass es bitte nicht an mir aus. Ich bin nicht deine Tochter."

„Sorry", sagte Talbert. „Ich wollte nicht mit meinem Privatscheiß nerven."

Für den Rest des Tages hielt er sich zurück und genoss einfach den Ausflug über die Insel. Zugegeben, auch die Konkurrenz konnte ganz gute Autos bauen. Aber natürlich ging nichts über seinen M240i. O Mann, an der Entwicklung von dem Wagen war er als Ingenieur selbst beteiligt, er kannte die Technik, die da drinsteckte, besser als seinen eigenen Arsch. Der BMW M240i xDrive Coupé aus der Performance Edition war nicht irgendein Auto, es war *das* Auto schlechthin. Allein dieser samtig-sonore Klang des Turbo-Triebwerks, nie prollig, nie aufdringlich, aber immer da: Los. Nimm. Mich. Jetzt!

Abends ging er mit Isa in diese lauschige Strandbar. Sie tranken viel und lachten viel, und nach einem letzten Glas Wein auf seinem Zimmer landeten sie endlich dort, wo er sie beide insgeheim schon im Flugzeug gesehen hatte: im Bett.

In der zweiten Woche machte er mit Isa einen Schnorchelausflug. Nichts Großartiges, nur mit dem Boot ein Stückchen raus vor die Küste. Der Guide kenne da eine Stelle, an die man vom Ufer nicht rankäme.

„Gut Wasser, gut Fische!", sagte er. „Viel sehen, ich verspreche!"

Auf dem Boot hielten sie Händchen, Isa lehnte ihren Kopf an Talberts Schulter. Der missbilligende Blick des Guides war ihnen egal. Waren halt ein bisschen verklemmt hier, die guten Leutchen.

Der Mann hatte nicht zu viel versprochen. Als er den Motor drosselte, war das Wasser unter ihnen so klar, dass sie bis auf den Grund sehen konnten. Bunte Fische, Seeigel, sogar ein paar Schildkröten paddelten an ihnen vorbei. Als Talbert mit langsamen Bewegungen durch das Wasser glitt, hatte er das Gefühl, zu schweben. Überall um ihn herum wimmelte es von buntem und bizarrem Getier. Er konnte sich gar nicht sattsehen, wobei er sich nicht entscheiden konnte, ob er die Fische oder Isa schöner fand. Sie war fünfunddreißig und noch ziemlich knackig. Wie sie da so vor ihm durchs Wasser glitt … einfach lecker.

Das Boot mit ihrem Guide war ein ganzes Stück entfernt. Wie wär's, könnte man nicht hier im Wasser, beim Schwimmen …? Davon träumte er schon lange.

Sein Blick fiel auf etwas, das links von ihm im Wasser trieb. Merkwürdig. Vom Umriss her sah es nicht nach einem Fisch aus. Vielleicht war es eine Qualle? Er schwamm näher heran und stellte fest, dass es sich um ein Stück Plastik handelte. Eine Alditüte.

Echt jetzt? Da reiste er einmal um den halben Globus, nur um sich hier diesen Scheiß angucken zu müssen?

Seine gute Laune war dahin.

Er schwamm zu Isa, tippte sie an und deutete auf die Plastiktüte. Dann tauchte er auf. Kurz darauf steckte auch Isa den Kopf aus dem Wasser.

„Das ist ja eklig", sagte er zu ihr, doch sie antwortete nicht, sondern starrte auf etwas hinter seinem Rücken.

Wasser tretend drehte er sich um. Sie schwammen am Eingang zu einer kleinen Bucht, doch nah am Strand war vom Wasser nichts mehr zu sehen. Ein dichter Teppich aus Plastikmüll bedeckte die Oberfläche. Bunter, haltbarer Kunststoff. Ganz in ihrer Nähe schaukelte ein Joghurtbecher in den Wellen, etwas weiter hinten sah Talbert etwas, das einmal eine Gummiente gewesen sein könnte.

Empört drehte er sich um und hielt Ausschau nach ihrem Guide. Dieser Mistkerl! Der hatte sie extra hierhergebracht! Na warte, der Bursche konnte was erleben.

„Wo ist das Boot?", fragte Isa mit leichter Panik in der Stimme.

Sie hatte recht. Das Boot war mitsamt dem Guide verschwunden.

Talbert könnte kotzen. Er war so wütend, dass er diesen Kerl auf der Stelle erwürgen könnte.

„Wo ist das Boot!", schrie Isa.

„Ganz ruhig", sagte er und hielt sie am Arm fest, damit sie in ihrer Panik nicht auch noch absoff. Sie waren nicht weit von der Küste entfernt. „Wir schwimmen an Land", sagte er.

Doch wie sich herausstellte, blieb ihnen nur der Weg durch den Plastikteppich in die kleine Bucht. Die übrige Küste bestand aus schroffen Felsen, an denen sich die Wellen brachen.

Es war der reinste Horror. Sie schwammen durch den Müll, der sich beim besten Willen nicht ignorieren ließ. Isa war die ganze Zeit kurz vorm Durchdrehen, und Talbert kämpfte ständig gegen einen Würgereiz an. In dem Meer aus Dosen, Plastikflaschen und Einkaufstüten blieb sein Blick hin und wieder am Namen oder Logo einer bekannten Marke hängen – Coca-Cola, Nestlé, Bayer. Einmal entdeckte er sogar das Logo seiner eigenen Firma, auf so einem potthässlichen Schlüsselanhänger, der vor Jahren mal als Werbegeschenk verteilt worden war. Das Wasser, in dem der Müll schwamm, war dreckig und stank. An den scharfen Plastikkanten schnitten sie sich die Haut auf, später, als sie endlich den Strand erreichten, auch noch die Füße. Sie landeten in einer Gegend, die verdammt nach Slum aussah – einfache Blechhütten drängten sich an den Felsen, nur ein steiler, unbefestigter Weg führte von hier weg.

Rasch waren sie von einer Menschentraube umschlossen, schwarze Augen in dunklen Gesichtern starrten sie an, nirgendwo ein weißes Gesicht. Hier und da wurde gekichert, doch sobald Talbert sich umdrehte, zeigten alle nur dieses breite Grinsen, mit dem hier jeder ständig herumlief. Höflich? Wer's glaubt, wird selig! Die verarschten einen doch von vorne bis hinten.

Abends saßen sie in der Hotelbar und versuchten, ihren Schock zu ertränken. Nachdem sie sich mit Mühe und Not verständlich gemacht hatten, hatte eine Fahrradrikscha sie schließlich zum Resort zurückgebracht. Talbert hatte bestimmt eine Stunde unter der Dusche gestanden, bis er halbwegs das Gefühl hatte, wieder sauber zu sein. Isa war immer noch kreidebleich und bekam kaum den Mund auf. Wortlos kippte sie den Whiskey herunter, den er ihr bestellte, dann einen zweiten gleich hinterher. Erst, als er den dritten bestellen wollte, schüttelte sie den Kopf.

„Dieser verdammte Scheißkerl von einem Guide", sagte er. „Ich hab's doch gewusst, dass man den Leuten hier nicht über den Weg trauen kann. Aber nicht mit mir, dem Mistkerl werde ich's zeigen. Gleich morgen gehe ich zur Polizei und erstatte Anzeige. Das wäre ja noch schöner, wenn der mit so was davonkommen würde."

Zum ersten Mal an diesem Abend sah Isa ihn richtig an. „Und was soll das bringen? Was wirfst du ihm vor? Dass er uns Seiten seiner Insel gezeigt hat, die wir als Touristen normalerweise nicht zu sehen bekommen, weil für uns die Strände regelmäßig gesäubert werden? Die Einheimischen hier *leben* damit. Lass ihn doch einfach in Ruhe."

„He, der ist einfach mit seinem Boot abgehauen! Uns hätte wer weiß was passieren können."

„Ist es aber nicht", sagte Isa. „Und ganz ehrlich, so weit war es wirklich nicht zum Strand. Es war nur … eklig."

„Und ob das eklig war", sagte er. „Aber ich will in meinem Urlaub nicht den Dreck anderer Leute sehen. Ich habe teuer dafür bezahlt, und ich hab's mir verdammt noch mal verdient, einfach mal drei Wochen lang meine Ruhe zu haben."

„Ach", sagte Isa spöttisch, „aber die Menschen hier haben es verdient, in diesem Dreck leben zu müssen? In unserem Dreck, um genau zu sein?"

„Diese Brühe da draußen, das war nicht mein Dreck, damit habe ich nichts zu tun. Habe ich etwa den Scheiß ins Meer geschmissen?" Er sah diesen dämlichen Schlüsselanhänger vor sich, der schon hässlich und überflüssig gewesen war, als er noch nagelneu gewesen war. Aber nur, weil da das Logo von seinem Arbeitgeber drauf war, war er doch nicht dafür verantwortlich. Er war schließlich nicht der Marketingchef.

Isa sagte nichts, sah ihn nur wieder so merkwürdig an, mit diesem Blick, den er zu Genüge von seiner Tochter kannte. Doch anders als Malou hielt sie den Mund und fing nicht an, über Plastikberge und Mikroplastik und Wegwerfgesellschaft und den ganzen Scheiß zu schwafeln, und das war ihm auch ganz recht. Was konnte er denn dafür, wenn die Leute hier ihren Müll überall hinwarfen? In Deutschland bildete man sich wer weiß was ein auf diese idiotische Mülltrennung und diese sauhässlichen Windräder, aber was brachte das denn alles, wenn im Rest der Welt die Leute auf so was schissen? Talbert konnte es echt nicht mehr hören, dieses Gutmenschengelaber, diese Besserwisserei, diese Heuchelei, diese scheinheiligen Vorwürfe von Leuten, die glaubten, sie hätten die Weisheit mit Löffeln gefressen, und die ihm einreden wollten, er sei ein schlechter Mensch.

Er hatte sich nie etwas zuschulden kommen lassen, er tat nichts Verbotenes, er spendete sogar regelmäßig einen ganzen Batzen Geld an die Caritas. Er wollte doch einfach nur seine Ruhe haben. War das denn zu viel verlangt?

Am nächsten Morgen machte er sich ohne Isa auf den Weg zur Polizeistation. Der uniformierte Milchbubi am Schalter lächelte höflich, verstand aber kein Wort Englisch, geschweige denn Deutsch. Es dauerte eine Weile, bis er jemanden aufgetrieben hatte, der genügend Englisch verstand, damit Talbert ihm klarmachen konnte, was am Tag zuvor passiert war. Er beschrieb ihm den Guide und das Boot und seinen Liegeplatz in dem kleinen Hafen.

Der ältere Beamte hörte ihm zu und nickte hin und wieder. Immerhin sparte er sich dieses dämliche Grinsen.

„Sir, ich verstehe, Sie sind ungehalten. Aber was genau ist Ihr Schaden?"

„Mein Schaden? Wir mussten durch Dreck schwimmen, und mit dieser Rikscha zurück ins Hotel. Fast fünf Dollar hat mir der Fahrer dafür abgenommen!"

„Sir, Sie möchten also Ihr Geld zurückhaben?"

„Es geht mir nicht ums Geld, Herrgott nochmal. Ich will, dass dieser Guide bestraft wird. Der hat uns doch mit Absicht da ausgesetzt!"

Der Polizist nickte erneut und griff zum Telefon. Er sprach eine Weile auf balinesisch mit jemandem, dann legte er auf und sah Talbert ernst an.

„Sir, der Guide sagt, es tut ihm sehr leid, aber er hat einen Anruf bekommen. Seine Tochter ist gestern krank geworden."

Talbert sah den Mann an, der nicht mit der Wimper zuckte. Ja klar, krankes Kind. Das zog immer. „Aber er kann uns doch nicht einfach so zurücklassen!"

„Sir, er sagt, er hat Sie gerufen, aber Sie haben nicht gehört. Er hat gesehen, dass Sie gute Schwimmer sind, und der Strand war ganz nah."

Talbert sagte nichts.

„Seine Tochter war sehr krank, das müssen Sie glauben. Hat schlechtes Wasser getrunken. Die Kinder hier sind oft krank vom schlechten Wasser. “

Kurz darauf stand Talbert vor dem kleinen Polizeirevier und kam sich wieder einmal verarscht vor. Die Tochter war doch nie im Leben plötzlich krank geworden – falls der Kerl überhaupt eine Tochter hatte. Und was war mit der Mutter, warum hat die sich nicht um das Kind gekümmert? Die steckten hier doch alle unter einer Decke! Der Polizist hatte sofort gewusst, wen er anrufen musste, der kannte den Guide also. Talbert würde wetten, dass die beiden in diesem Moment telefonierten und sich schlapp lachten über diesen dämlichen Weißen, den sie so richtig schön hatten auflaufen lassen.

In der Mittagshitze ging er zu Fuß zurück zum Hotel. Als er ankam, war er schweißgebadet und stellte sich erst einmal unter die Dusche, wobei er darauf achtete, nicht aus Versehen einen Schluck von dem schlechten Wasser zu trinken.

Den Nachmittag verbrachte er allein am Pool. Von Isa war keine Spur zu sehen, aber das war ihm egal. Die Kellner versorgten ihn regelmäßig mit Whiskey und gutem Wasser. Talbert legte den Kopf in den Nacken und trank.

Von welchem Planeten stammt ihr?
Wir Ranger kommen aus allen Teilen des Universums, aus verschiedenen Sonnensystemen. Für euch, deren Seelen sich nicht erinnern, sind diese Entfernungen unüberwindlich, doch wir, die wir allein als Seelen reisen können, stellt die Weite des Alls in Raum und Zeit keine Begrenzung dar.

Wie wirkt euer tolles Virus denn? Man merkt ja gar nichts davon!

Ich finde es gut, wenn die Menschheit ausstirbt.

So ein Blödsinn. Auch Moleküle können nicht mit Lichtgeschwindigkeit reisen.

Wie viele bewohnte Planeten gibt es?
Im gesamten Universum wird regelmäßig nach Anzeichen von Leben gesucht. Euch mag diese Aufgabe unlösbar erscheinen. Es gibt 100 Milliarden Galaxien, und eine Galaxie besteht aus rund 300 Milliarden Sterne. Aber auch der Kör-

per eines Menschen bildet ein kleines Universum für sich – er besteht aus rund 100 Billionen Zellen und neunmal so vielen Bakterien. Trotzdem kann sich der Mensch inzwischen grob darin orientieren. Er operiert nicht die Nieren, wenn die Leber erkrankt ist.

Die Erde wurde vor 6000 Jahren von GOTT erschaffen, nur ER hat die Macht und das Recht, seine Schafe zu sich zu rufen. Glaubt diesen Worten nicht! Sie sind des Teufels! Bekennt euch zu GOTT, so werdet ihr errettet werden.

Es gibt zehntausende Planeten, auf denen Leben existiert. Einige hundert Planeten sind von Spezies bewohnt, die man im weitesten Sinne als intelligent bezeichnen könnte. Bei knapp zweihundert dieser Spezies ist die Entwicklung so weit fortgeschritten, dass sie Mitglied des Hohen Rates des Universums sind.
Der Hohe Rat ist vergleichbar mit eurer UNO – allerdings mit wesentlich weitreichenderen Befugnissen. Sobald eine Spezies auf einem Planeten ein gewisses Maß an Intelligenz erreicht hat, entsendet der Hohe Rat Ranger und entscheidet aufgrund ihrer Berichte, ob offiziell zu dem Planeten Kontakt aufgenommen werden soll oder nicht.

Oh Mann, die Kommentare hier … selten so ein Schwachsinn gelesen. Und ihr Idioten fallt drauf rein.

Wie sollen wir unsere Angelegenheiten ordnen?

Wieso fühle ich mich gerade wie unter einem Mikroskop?

Wann wird dieser Hohe Rat Kontakt zur Erde aufnehmen?
Niemals.

Spinner.

Wenn ich jetzt auf die Straße gehe, denke ich bei jedem, der mir entgegenkommt: Ist das ein Ranger?

Ihr seid eine Gefahr für euch und andere.
Eine Bedrohung für das gesamte Universum.

KIRA

So einfach! So elegant! So effizient!

Und so tödlich.

In all den Jahren, seit sie mit ihnen arbeitete, hatten Viren für Kira nichts von ihrer Faszination verloren. Viren waren für sie die Meister des Minimalismus. In ihren Genen war nichts als das Programm für die eigene Vermehrung gespeichert; um zu überleben, brauchten sie lediglich andere Zellen, die sie kapern und deren Ressourcen sie für sich nutzen konnten. Bisweilen gingen sie dabei so rabiat vor, dass sie sich am Ende ihre eigene Lebensgrundlage entzogen und ihren Wirt töteten.

Das neue Virus, der Einfachheit halber Usutu-2 getauft, tötete seinen Wirt nicht, es verursachte nicht einmal ernstzunehmende Symptome. Kopfschmerzen, leichtes Unwohlsein, das einen, zwei Tage anhielt, bei einigen wenigen Infizierten leichtes Fieber – die ersten Anzeichen einer Infektion wurden von den meisten Menschen kaum wahrgenommen. Auch Tieren schien das neue Virus nichts anhaben zu können. Im Gegensatz zur Ursprungsvariante von Usutu war bislang keine Amsel daran gestorben, und in Laborversuchen zeigten die Mäuse keinerlei Symptome, auch ihre Nachkommen tummelten sich unbekümmert in den Käfigen des Instituts. Ein anscheinend vollkommen harmloses Virus, das sich unbemerkt und ungestört auf der ganzen Welt ausbreiten konnte.

Das Hauptaugenmerk bei der Erforschung des neuen Virus lag ohnehin nicht auf seiner Wirkung auf den menschlichen Körper, sondern auf dem Rätsel seiner Entstehung. Irgendjemand hatte Gott gespielt und ein künstliches Virus erschaffen, und jetzt arbeiteten die besten Wissenschaftler der Welt verbissen daran, herauszufinden, wie das gelungen war. Es genügte ja nicht, irgendwelche Abschnitte der DNA aneinanderzukleben. Es mussten genau die richtigen DNA-Sequenzen sein, und diese Frage, welches die *richtigen* Sequenzen waren, hatte die Wissenschaft noch immer nicht beantwortet. Nur bei einem kleinen Teil der DNA des Virus wusste man überhaupt, welchem Zweck es diente; beim Großteil der DNA war es, als würde man einen Text in einer fremden Sprache vor sich haben: Du erkennst die Buchstaben, weißt aber nicht, was die Worte und Sätze bedeuten, die aus ihnen gebildet werden. Dieses Wissen hatten diejenigen, die Usutu-2 erschaffen hatten, allen anderen Forschenden voraus.

Als die ersten Tests auf den Markt kamen und sich andeutete, dass bereits ein großer Teil der Bevölkerung infiziert war – Hochrechnungen kamen auf bis zu achtzig Prozent, und zwar weltweit – wunderte sich niemand. Das Herpes-simplex-Virus, aus dem Usutu-2 zu Teilen bestand, trugen sogar 95% der Menschen in sich. Aufgrund der ausgesprochen milden Verläufe wurde Usutu-2 weiterhin für vollkommen harmlos gehalten. Es gab keine Krisenstäbe, keine Pressekonferenzen, keine Warnungen an die Bevölkerung. Wovor hätte man die Menschen auch warnen sollen? Niemand ahnte in den ersten Wochen und Monaten, was Usutu-2 im menschlichen Körper anrichtete.

Sobald ein Organismus gleich welcher Art von einem Virus befallen wird, setzt ein Prozess ein, der stets ähnlich abläuft. Das Virus sucht sich Wirtszellen, um sich darin zu vermehren. Es dringt in die Zelle ein und nutzt deren Ressourcen, um sich fortzupflanzen. Eine gekaperte Zelle kann ihre eigentliche Aufgabe nicht mehr erfüllen, und je nachdem, welche Zelltypen ein Virus befällt, kommt es zu unterschiedlichen Symptomen und Krankheitsbildern. Beim Menschen reichte das Spektrum vom einfachen Schnupfen bis zum hämorrhagischen Fieber, bei dem das Virus die Wirtszellen abtötet. Abhängig davon, wie aggressiv ein Virus ist, geht dieser Prozess schneller oder langsamer vonstatten. Viren, die ihre Wirte töten, entziehen sich über kurz oder lang selbst die Lebensgrundlage. Ebola ist das prominenteste Beispiel: Eine hohe Letalität, was tragisch ist für die Betroffenen, aber aus epidemiologischer Sicht leichter in den Griff zu bekommen als ein Virus, das kaum Symptome hervorruft. Auf der anderen Seite sind Infektionskrankheiten, die keine oder nur schwache Symptome hervorrufen, nur selten tödlich.

Wie also müsste ein Virus beschaffen sein, das die Menschheit ausrotten soll?

Das fragte sich Kira, seit sie vor einem Jahr dieses kleine Glasfläschchen mit einer Probe von Usutu-1 in den Händen gehalten und kurz darauf das Virus zum ersten Mal im Elektronenmikroskop gesehen hatte. Mit ihrem Team versuchte sie herauszufinden, wie es gelungen war, ein künstliches Virus zu erschaffen. Das war ihr Auftrag, dafür wurde sie bezahlt, bei dieser Frage wurden Ergebnisse von ihr erwartet. Doch wann immer sie etwas Zeit erübrigen konnte, führte sie nebenbei Testreihen durch, um mehr über die Wirkung des Virus im menschlichen Körper zu lernen. Es war ihr unangenehm, dass sie die Botschaft, in der die Vernichtung der ganzen Menschheit angekündigt wurde, mitsamt den Rangern und allem, was damit zusammenhing, nicht einfach als das abtun konnte, was es sein musste: Blödsinn. Sie warf sich Leichtgläubigkeit vor, weil sie auf diese irrsinnige Geschichte hereinfiel, die sich jemand vor einem Jahr ausgedacht und seitdem immer weiter ausgeschmückt hatte. Kurz nach der Botschaft war eine Website aufgetaucht, VAVEDI, auf der die angeblichen Ranger – oder besser: Menschen mit einer blühenden Fantasie, die sich als Aliens ausgaben – alle möglichen Fragen beantworteten. *Woher kommt ihr? Warum wollt ihr uns vernichten? Was macht ihr, wenn es keine Menschen mehr gibt?* Alle Leute, die Kira kannte, hatten schon davon gehört. Kaum jemand nahm das, was dort stand, für bare Münze, trotzdem war die Seite rasch populär geworden und verzeichnete unglaubliche Zugriffszahlen. Auch Kira hatte sich die Seite schon angeschaut. Sie wollte mitreden können beim täglichen Klatsch in der Teeküche, wollte nicht die Einzige sein, die keine Ahnung hatte.

Insgeheim trieb sie allerdings noch etwas anderes dazu, VAVEDI hin und wieder einen Besuch abzustatten. Wer immer hinter diesem … *Projekt* steckte, verfügte über gewaltige Ressourcen, denn *jede* Frage wurde in sämtliche mehr als 7000 menschlichen Sprachen übersetzt. Allerdings wurden nur wenige Fragen auch beantwortet, das aber innerhalb kürzester Zeit. Seit diese Seite existierte, wurde vor allem in den sozialen Medien, aber auch am Abendbrottisch, in der Kantine oder abends beim Bier darüber diskutiert, wie diese erstaunliche Leistung möglich war. Siebentausend Sprachen! Die Software musste auf gigantische Datenbanken zugreifen können, deren Aufbau Jahre gedauert haben musste; die Übersetzungssoftware schlug alles bisher Dagewesene um Längen. Dabei waren es gewiss nicht nur Dummköpfe, die jahrelang an den Algorithmen von DepL und Co. gearbeitet hatten.

Was für ein Arbeitsaufwand, vom benötigten Kapital ganz zu schweigen. Kiras Ansicht nach könnte jemand, der so etwas fertigbrachte, möglicherweise auch imstande sein, ein Virus zu synthetisieren. Also suchte sie jedes Mal, wenn sie auf der Webseite war, nach Hinweisen, wie das Virus aufgebaut war und wie es wirkte.

Die Sache hatte nur einen Haken. Natürlich hatten andere diese Fragen bereits gestellt, und das nicht nur einmal. Mit und ohne große Sachkenntnis, eher allgemein oder sehr detailliert – aus allen Teilen der Welt kamen Fragen zu dem Virus, das die Menschheit angeblich vernichten sollte. Doch die Antwort lautete stets: *Das müsst ihr selbst herausfinden.*

Etwa ein Jahr nach der ersten Botschaft stand Kira in der Teeküche des Instituts und versuchte herauszufinden, wie der neue Kaffeeautomat funktionierte. Ein paar Kollegen saßen am Tisch und unterhielten sich.

„Habt ihr schon gehört, dass die Geburtenzahlen seit einiger Zeit sinken, und zwar signifikant?", fragte Sevil, die jetzt an Kiras Stelle am Epstein-Barr-Virus forschte. „Scheint ein weltweites Phänomen zu sein."

„Woher hast du das?", fragte jemand.

„Mein Freund arbeitet beim Statistischen Bundesamt", sagte Sevil. „Ich habe einen Artikel dazu gelesen, in dem die These aufgestellt wird, dass es sich um eine synergetische Reaktion auf die Überbevölkerung handeln könnte."

„Infantizide beim Menschen", sagte ein junger Kollege, dessen Name Kira gerade nicht einfiel. „Wer hätte das gedacht."

„Wieso, wir sind doch letztendlich auch nur Tiere", sagte Sevil. „Und wenn's zu eng wird, müssen eben drastische Maßnahmen ergriffen werden. Kaninchen würden sicher auch lieber die Pille nehmen, anstatt ihre Kinder zu töten, wenn sie bereits auf der Welt sind."

„Solange wir nicht anfangen, unsere Nachkommen zu fressen", lautete die lakonische Antwort des Kollegen.

„Könnte es da nicht einen Zusammenhang mit Usutu-2 geben?", fragte Ben. Er forschte zu Malaria, und obwohl Kira nur wenig mit ihm zu tun hatte, schätzte sie ihn als Kollegen. Jetzt schaute er kurz zu Kira, und sie fühlte sich ertappt. Ahnte er, dass diese Frage sie ebenso umtrieb wie die Frage nach der Entstehung des Virus, und dass sie insgeheim nach einer Antwort suchte? Doch er hatte sich bereits abgewandt, als sei nichts gewesen, als hätte er Usutu-2 nie erwähnt, als würde es ihn überhaupt nicht interessieren.

Kira dagegen war wie elektrisiert. Ausrottung durch Sterilität. Natürlich! Neu war diese Methode nicht, der Mensch wandte sie bereits selbst an. Um der Malaria und einer ganzen Reihe weiterer Infektionskrankheiten Herr zu werden, wurden sterilisierte Mücken ausgesetzt. Kein einziges Individuum wurde getötet, es wurde lediglich verhindert, dass sie sich vermehren konnten.

Kira wusste, dass sie weitere Unterstützung brauchen würde, wenn sie diese Spur weiterverfolgen wollte. Es war eine Sache, ziellos im Nebel herumzustochern und gelegentlich ein paar Testreihen zu machen, doch um herauszufinden, ob Usutu-2 etwas mit den sinkenden Geburtenzahlen zu tun hatte, brauchte sie mehr Kapazitäten.

„Ich möchte Ihnen einen Vorschlag machen", sagte sie einige Tage später zu ihrem Chef. „Ich würde gerne mehr darüber herausfinden, wie Usutu-2 im menschlichen Körper wirkt. Haben Sie von den sinkenden Geburtenzahlen gehört? Möglicherweise besteht es da ein Zusammenhang."

„Ist das nicht reine Zeitverschwendung?", fragte der Professor. Natürlich dachte er dabei weniger an die Zeit, sondern an das Geld, denn Zeit *war* Geld, auch in der Wissenschaft.

Sie schloss kurz die Augen. Dies war einer der Momente, in denen sie merkte, dass ihr Chef in erster Linie Manager und erst an zweiter Stelle Wissenschaftler war.

„Das kann ich nicht ausschließen", sagte sie. „Aber *falls* es einen Zusammenhang gibt, könnte es sich auszahlen, wenn wir die Ersten sind, die es herausfinden." *Betone die Vorteile, die dein Handeln für deinen Chef hat!* Dieser Rat aus einem Coachingseminar fiel ihr im richtigen Moment wieder ein.

Und es stimmte ja: Falls sie richtig lag – oder besser gesagt Ben – und dieses Institut vor allen anderen herausfände, wie Usutu-2 den menschlichen Körper beeinflusste, hätten sie einen unschätzbaren Vorsprung bei der Entwicklung eines Gegenmittels und den daraus resultierenden Gewinnen.

Kira merkte, dass ihr Chef ihrem Gedankengang folgte, und hielt die Luft an.

Er nickte.

Ihr Team wurde vergrößert, die Mittel wurden aufgestockt, und tatsächlich stießen sie nach wenigen Monaten auf erste Hinweise, dass Usutu-2 die Menschen unfruchtbar machen könnte, indem es gezielt die DNA der menschlichen Keimzellen veränderte. Angetrieben von diesen ersten Ergebnissen forschten sie weiter. Immer tiefer vergrub Kira sich in ihre Arbeit, ging nur noch zum Schlafen nach Hause, vernachlässigte ihre Schwester und ihre Nichte. Die Lust am Entdecken, der Wille, dem Virus auf die Schliche zu kommen, und das ständige Gefühl, keine Zeit zu haben, trieben sie an. Oft war sie spät abends die Einzige im Labor, weil sie unbedingt noch diese eine Simulation, diese eine Analyse abwarten wollte. Manchmal leistete Ben ihr Gesellschaft, und die Gespräche mit ihm glichen bisweilen Gesprächen von Eltern über ein auf Abwege geratenes Kind. Was will das Virus? Was braucht es? Wie können wir mehr über es erfahren? Wie können wir es dazu bringen, zu tun, was wir wollen?

Bei den Mücken hatte der Mensch sich darauf beschränkt, nur die männlichen Individuen unfruchtbar zu machen, doch das würde beim Menschen nicht funktionieren. In unzähligen Samenbanken lagerten vermutlich genügend menschliche Spermien, um das Überleben der Menschheit für mehrere Jahrzehnte zu sichern und den Forschenden so genügend Zeit zu verschaffen, um eine Lösung zu finden. Nein, beim Menschen mussten Männer wie Frauen außerstande gesetzt werden, Kinder zu zeugen.

Um die Fruchtbarkeit von Männern und Frauen gleichermaßen zu beeinflussen, musste das Virus an einem Punkt der Keimzellenproduktion ansetzen, der bei beiden Geschlechtern gleich war. Ein Sexualhormon, das bei der Fortpflanzung eine entscheidende Rolle spielte, war das

Follitropin, auch FSH, Follikel stimulierendes Hormon, genannt. Beim Mann regte es die Reifung von Spermien an, bei der Frau die der Eizellen. Fehlte dieses Hormon, zum Beispiel aufgrund einer gelegentlich auftretenden natürlichen Mutation, führte der daraus resultierende FSH-Mangel zu Unfruchtbarkeit, die sich allerdings durch die Gabe von künstlich synthetisiertem FSH ausgleichen ließ.

Tatsächlich ergaben weitere Analysen, dass Usutu-2 ungleich geschickter vorging und direkt bei den Keimzellen ansetzte. Etwa drei Monate nach einer Infektion mit Usutu-2 waren die Spermien des Mannes und die Eizellen der Frau nicht mehr in der Lage, das Hormon zu erkennen. Sobald das Virus eine Keimzelle gekapert hatte, mogelte die DNA des Virus sich in das Erbgut der Zelle und deaktivierte das Gen, das für den FSH-Rezeptor an der Außenseite der Zelle codierte. Das Hormon war zwar reichlich im Körper vorhanden, doch es wurde von den Zellen, in denen es seiner Aufgabe nachgehen sollte, nicht mehr erkannt und somit auch nicht eingelassen. Es war, als hätte Usutu-2 dem Türsteher der Keimzellen eine neue Gästeliste in die Hand gedrückt: Zutritt für FSH strengstens verboten.

Gut zwei Jahre nach der ersten Botschaft hatten Kira und ihr Team den endgültigen Nachweis erbracht, dass Usutu-2 die Menschen unfruchtbar machte, und wie es aussah, hatten sie damit den weltweiten Wettlauf gegen alle anderen Forschungseinrichtungen gewonnen. Kira wusste nicht, wer alles zur Wirkung von Usutu-2 forschte, doch bislang gab es keine fundierten Veröffentlichungen zu diesem Thema. Auch die Gerüchteküche in der gut vernetzten Wissenschaftsgemeinde schwieg zu dieser Frage, doch sie war sicher, dass auch andere Labore daran arbeiteten. Nicht zu vergessen natürlich die selbsternannten Experten auf ihren Youtube-Kanälen, die ihre ganz eigenen Theorien über Usutu-2 und seine Entstehung verbreiteten – von der Behauptung, bei dem Virus handele es sich in Wirklichkeit um Mikrochips, mit denen Bill Gates sich jetzt endlich die Menschheit untertan machen konnte, nachdem das weder bei der Impfung gegen Covid-19 noch bei den Masern geklappt hatte, bis zu der überraschenden Feststellung, die Ranger seien in Wirklichkeit jene Echsenwesen, vor denen die Eingeweihten schon immer gewarnt hätten, wofür sie all die Jahre verlacht worden seien, und jetzt sehe man ja, was man davon habe, wir würden uns nämlich alle selbst in Echsenwesen verwandeln, möglicherweise auch in Lurche oder Molche.

Kira und ihr Team hatten also allen Grund, stolz auf sich zu sein. Normalerweise würde in einem Moment wie diesem eine fast euphorische Stimmung herrschen. Sie hatten den Durchbruch geschafft, sie verstanden die Welt ein wenig besser. Sie hatten vor allen anderen ein bisher ungelöstes Rätsel geknackt. Doch je klarer ihnen wurde, wie Usutu-2 wirkte, desto mulmiger wurde ihnen allen zumute. Sie wussten bereits, dass im Institut bis auf eine Ausnahme alle Mitarbeitenden mit dem Virus infiziert waren. Jetzt hatten sie einen Fruchtbarkeitstest entwickelt und baten alle Kolleginnen und Kollegen, sich testen zu lassen. Das Ergebnis war niederschmetternd: Bis auf wenige Ausnahmen waren alle unfruchtbar, weil ihre Keimzellen das FSH nicht mehr erkannten.

Kira war dabei, als Sevil ihr Testergebnis erfuhr und ihr klar wurde, dass sie wohl niemals Kinder bekommen würde. Sie sah Sevils Tränen und fühlte sich unbehaglich, auch wenn sie den Schmerz der Kollegin nicht in Gänze nachempfinden konnte. Kinder waren für Kira noch nie ein Thema gewesen, sie konnte sich nicht vorstellen, jemals Mutter zu werden, sodass die Tatsache, dass auch sie unfruchtbar war, sie nicht persönlich erschütterte. Für sie zählte vor allem die Bedrohung, die von diesem Virus für den Menschen als Spezies ausging. Tatsächlich stand nicht weniger als das Aussterben der gesamten Menschheit auf dem Spiel. So, wie es in der ersten Botschaft angekündigt worden war.

Doch als Wissenschaftlerin war das für sie nicht das Ende, sondern nur ein Zwischenergebnis. Die Forschung lieferte bisweilen Erkenntnisse, die möglicherweise im ersten Moment verstörend wirkten, das war nicht ungewöhnlich. Sie mussten einen Weg finden, den Prozess umzukehren und die Wirkung von Usutu-2 aufzuheben, und Kira war sicher, dass sie am Ende eine Lösung finden würden. Alles andere war vollkommen undenkbar. Hatte die Menschheit nicht schon ganz andere Probleme gelöst?

„Welche Probleme hat die Menschheit denn je in den Griff bekommen?", fragte Ben. „Armut? Umweltverschmutzung? Klimawandel? Artensterben? Krieg? Und das alles ist nichts gegen die Aussicht, dass die Menschen in weniger als einhundert Jahren ausgestorben sein könnten."

Kira ahnte, dass Ben mit seiner Einschätzung recht haben könnte, aber sie *wollte* sie nicht teilen. Zusammen mit ihrem Chef versuchte sie, bei der Gesundheitsministerin vorzusprechen. Sie gelangten jedoch nur bis zu einer Assistentin des Staatssekretärs, die ihnen mit ernster Miene zuhörte, bedächtig nickte und kluge Fragen stellte. Wie sicher ihre Ergebnisse seien. Ob noch weitere Forschungseinrichtungen zu denselben Ergebnissen gekommen seien. Wie die allgemeine Studienlage aussähe.

Sie müssten verstehen, sagte die Assistentin, dass sie allein aufgrund ihres Berichts keine Maßnahmen ergreifen könne, von denen sie im Übrigen auch gar nicht wisse, welche das sein sollten.

Aber sie verspreche ihnen, ihr Anliegen der Ministerin vorzutragen, dann würde man sich wieder bei ihnen melden.

Kira schlug ihrem Chef vor, ihre Forschungsergebnisse zu veröffentlichen. Die Gefahr, die von Usutu-2 ausgehe, sei zu groß, um ihr Wissen für sich zu behalten. Ihr Chef zögerte, und Kira wusste, dass er vor seinem inneren Auge bereits die Felle davonschwimmen sah: Wenn sie ihr Wissen über Usutu-2 mit der ganzen Welt teilten, war ihr schöner Vorsprung dahin, und mit ihm ihre Chance, aus *dieser Sache* Kapital zu schlagen.

Manager oder Wissenschaftler?

Habgier oder Vernunft?

Er nickte, und Kira spürte, wie eine schwere Last von ihren Schultern genommen wurde.

Wie viel Zeit blieb den Menschen, um das Ende zu verhindern? Zehn Jahre? Zwanzig? Wie lange würde es dauern, ein Gegenmittel, sobald sie es gefunden hatten, in ausreichenden Mengen zu produzieren und flächendeckend zu verteilen? Wie viele derjenigen, die heute jung waren, würden kinderlos bleiben, weil sie zu lange brauchten? Wie viele Individuen der Spezies Homo sapiens mussten überleben, damit diese nicht ganz ausstarb? Kira überschlug kurz, wie viele Menschen in zehn Jahren, in zwanzig Jahren noch leben könnten, wie viele in fünfzig Jahren – vorausgesetzt, die globale Durchseuchung wirklich so weit vorangeschritten war, wie die ersten Hochrechnungen andeuteten. In den ersten Jahren würde die Bevölkerungszahl nur sehr langsam sinken, später immer schneller, bis am Ende, in fünfzig, sechzig Jahren vielleicht noch 50 Millionen Menschen auf der Erde leben würden. Das wären weniger als vor 2000 Jahren, und diese Menschen wären allesamt zu alt, um selbst noch Kinder bekommen zu können.

Bilder tauchten vor Kiras innerem Auge auf, von kargen Landschaften, immer noch vom Menschen geprägt, aber verödet und verlassen. Hin und wieder huschten menschliche Gestalten durch das Bild, ängstlich und lauernd, leichte Beute für allerlei Raubtiere – und für ihresgleichen.

Dieser Planet würde sich unwiederbringlich verändern. Selbst wenn sie in einigen Jahren Erfolg hätten und ein Gegenmittel fänden, das die durch Usutu-2 verursachte Sterilität aufhob, würde die Erde bei Kiras Tod anders aussehen als heute.

Sie musste an Malou denken. Seit die erste Botschaft vor zwei Jahren aufgetaucht war, war ihre Nichte voller Zorn. Ihre Wut richtete sich gegen die Alten, die sie für diese Lage verantwortlich machte – für den Klimawandel und das Artensterben, für die Müllberge und die Verseuchung der Böden, für die zunehmenden Dürren und das Abschmelzen der Polkappen. Ohne das alles hätte es niemand je für nötig gehalten, die Menschheit auszurotten. Für Malou gehörte Kira bereits zu den Alten, denn alt waren für sie diejenigen, die sich in ihrem kleinen Leben eingerichtet hatten. Aber genau in diesem Punkt irrte Malou sich: Kira gab sich nicht mit dem zufrieden, was sie vorfand; sie wollte *wissen,* wollte begreifen – und verändern. Sie war Wissenschaftlerin geworden, weil sie die Welt verbessern wollte; sie wollte dazu betragen, Menschen vor Krankheit und Leid zu bewahren – oder vor dem Aussterben.

Allerdings hatte Malou auch nicht ganz unrecht: Alle Generationen vor ihr hatten in dem sicheren Wissen gelebt, dass es nicht nur eine Vergangenheit, sondern auch eine Zukunft gab, auch wenn diese Zukunft sich weder planen noch vorhersehen ließ. Den Jungen, wie Malou und auch Kira selbst, als sie jung gewesen war, fehlte die grundlegende Erfahrung, dass Probleme, die aus der Ferne riesengroß und unüberwindbar schienen, beim Näherkommen schrumpfen konnten; dass es immer die Option gab, ein Hindernis entweder aus dem Weg zu räumen oder es zu umgehen. Sie sahen das Ende vor sich und konnten sich nicht vorstellen, dass das Bild, das sie wahrnahmen, ein Trugbild sein könnte. Dieses Wissen kam erst mit zunehmendem Alter.

Aber was, wenn dieses Bild keine Fata Morgana war, sondern die Realität?

Ihr habt uns die Zukunft geraubt.

Ihr habt diesen Planeten zerstört.

Euretwegen werden wir jetzt alle bestraft.

Ihr Zorn trieb Malou an. Sie engagierte sich, sie wollte die Menschen wachrütteln, sie wollte die Welt verändern. Ihre Verzweiflung war verständlich, und sie rührte auch etwas in Kira an. Als junge Frau – und so lange war das noch gar nicht her – hatte sie einen ganz ähnlichen Zorn empfunden. Wie konnte es sein, dass die Menschen Bescheid wussten über den Zustand dieses Planeten, und trotzdem nichts änderten?

Es war das Vorrecht der Jugend, alles in Frage zu stellen. Und lange Zeit war es das Vorrecht der Alten, zu sagen: Kommt erst einmal in unser Alter. Dann werdet ihr sein wie wir. Dann werdet ihr sehen. Eure Kraft wird erschöpft sein. Ihr werdet euch eingerichtet haben. Ihr werdet bequem werden.

Aber was, wenn diese Jugend keine Zukunft mehr hatte? Wenn sie zwar älter wurde, aber die Welt mit ihnen alterte? Wenn sie niemals Kinder bekommen würden, niemals die nächsten Generationen heranwachsen sehen würden, niemals darauf hoffen konnten, dass es einfach immer so weiter ging, irgendwie?

TALBERT

Als Talbert aus der Wohnungstür trat, stolperte er fast über den Kinderwagen der Nachbarn und fluchte leise. Auf dem Weg nach unten stieg ihm der Geruch nach saurer Milch und vollgeschissenen Windeln in die Nase. Das Pärchen von nebenan hatte vor drei Monaten Nachwuchs bekommen, so ein nerviges Würmchen, das den ganzen Tag nur schrie. Und bei den Menschiks im dritten Stock war die Frau ebenfalls schwanger. Der hübsche Altbau war echt mal ein ruhiges Haus gewesen, aber langsam wurde das hier der reinste Kindergarten.

Hieß es nicht, dieses Virus, wegen dem es vor drei Jahren so einen Wirbel gegeben hatte, würde die Menschen unfruchtbar machen? Schön wär's.

Nach dem ersten Hype damals hatte er die Geschichte nur noch am Rande verfolgt, seit klar war, dass das Ding wohl eher harmlos war. Wenn es wirklich gefährlich wäre, hätte die Regierung schließlich schon längst irgendwelche Maßnahmen angeordnet, wie damals bei Corona. Aber das schien ja nicht nötig zu sein, also schob er jetzt auch keine Panik.

Die Vorstellung, dass es ein Virus gab, das die ganze Menschheit ausrotten sollte, war ohnehin so was von lächerlich! Die Leute, die diesen Schwachsinn in die Welt gesetzt hatten, tickten doch nicht ganz richtig. Talbert glaubte weder an diese Aliens, die unter den Menschen lebten, noch an dieses ach-so-gefährliche Virus und schon gar nicht an das Aussterben der Menschheit.

Trotzdem schaute er in seiner Frühstückspause ganz gerne bei VAVEDI rein, auch wenn ihn das Scheißdesign nervte. Es gab ein Eingabefeld, einen Button zum Umschalten auf Mikro und einen Button für die Sprachauswahl. Und eine ewig lange Liste von Beiträgen, alle hintereinander. Kein Schwein konnte erkennen, wer die Frage wann gestellt hatte, wo derjenige herkam, wie alt er war oder was er so machte. Bilder gab's überhaupt keine, und antworten konnte man auf die Beiträge auch nicht. Man konnte sie auch nicht liken oder ein Profil erstellen. Wie gesagt, echt ein Scheißdesign. Wenn da mal jemand was Schlaues geschrieben hatte, würde er schon gerne wissen, wer das war und was der sonst noch so von sich gegeben hat, aber das ging nicht. War nicht vorgesehen. Nicht besonders kommunikativ, das Ganze, fand Talbert. Okay, das mit den Übersetzungen war echt genial, auch wenn es als Übersetzungsapp doch nichts taugte – es waren zu viele Beiträge. Es ging zwar immer noch irre schnell, bis die eigene Frage übersetzt war, aber in der Zwischenzeit waren so viel andere Fragen und Posts dazugekommen, dass man ewig rumscrollen musste, bis man seinen eigenen Beitrag gefunden hatte – und das womöglich in einer Sprache, bei der man nicht mal die Buchstaben erkannte.

Aber es war schon spaßig, was sich da alles sammelte. Die Leute nutzten VAVEDI längst nicht mehr nur, um diesen angeblichen Aliens Fragen zu stellen, sondern für alles Mögliche. *Betrügt meine Frau mich? Wer wird dieses Jahr Deutscher Meister? Wie kann man euch Drecksäcke ausrotten?* Auf solche Fragen gab es nie eine Antwort, aber manchmal war es ganz witzig, sich den ganzen Quatsch durchzulesen. Oder auch gar nicht so witzig. *Hallo, ich bin Alessia, ich bin sieben Jahre alt, und meine Mama ist vor drei Monaten gestorben. Könnt ihr nicht machen, dass sie wieder lebendig wird?* Die Leute schrieben alles Mögliche auf diese Seite oder nahmen auf, was sie zu sagen hatten, und alle anderen konnten es lesen oder sich anhören. Schon ganz cool, eigentlich.

Manche Fragen wurden tatsächlich auch beantwortet, die waren dann hervorgehoben, sodass sie leichter zu finden waren. So was wie *Von welchen Planeten kommt ihr* oder *Haben wir wirklich die gleichen Seelen wie Tiere?* Die Antworten klangen meistens ganz plausibel, aber überprüfen konnte man das natürlich nicht. Dieses Seelenmolekül zum Beispiel hatte noch niemand gefunden. Talbert bezweifelte allerdings, dass ernsthaft danach gesucht wurde, da gab es echt Wichtigeres. Trotzdem schienen gar nicht so wenig Leute diesen Quatsch zu glauben.

„Wirfst du schon wieder einen Blick in die Kristallkugel?", fragte Arne und setzte sich zu ihm.

„Klar. Ich hoffe ja immer noch, dass die mal die Lottozahlen posten", sagte Talbert.

Sein Kollege grinste nicht einmal, so abgenutzt war der Witz nach drei Jahren ständiger Wiederholung. „Sag mal, hast du schon die neuesten Gerüchte gehört?"

„Was ist es denn dieses Mal? Bekommt man vom Virus jetzt grüne Ohren?"

Arne verdrehte die Augen. „Ich meine das, was hier so geredet wird. Es sollen einige Stellen abgebaut werden."

„Ach, ist es mal wieder so weit?" In so einem Riesenkonzern wie BMW wurden ständig Stellen abgebaut, aber meistens hörte es sich schlimmer an, als es war. Hier wurden ein paar Posten nicht wieder neu besetzt, dort wurden ein paar Aushilfen rausgeschmissen, und schon geisterten vierstellige Zahlen durch die Presse und machten die Pferde scheu. „Welche Erklärung nehmen die denn dieses Mal?"

„Keine Ahnung, es gibt noch nichts Offizielles. Ich dachte, du wüsstest was, immerhin geht es um deine Abteilung."

„Was, die wollen Stellen bei der Entwicklung streichen? Das glaubst du doch wohl selbst nicht." Inzwischen wurden nur noch E-Motoren weiterentwickelt; der Verbrennungsmotor war, zu Talberts großem Bedauern, bei allen Fahrzeugtypen ein Auslaufmodell. Er selbst arbeitete seit dem letzten Jahr daran, E-Motoren effizienter und leistungsfähiger zu gestalten.

„Man munkelt, die da oben wollen erst mal abwarten, wie sich das mit den Geburtenzahlen weiterentwickelt", sagte Arne.

„Was ist das denn für ein Schmarrn", sagte Talbert, aber besonders überrascht war er nicht. Der Aktienmarkt war eine empfindliche Mimose, auch BMW konnte sich dem nicht entziehen, und natürlich musste der Vorstand darauf reagieren. Globale Konzerne hörten das Gras sogar in der Wüste wachsen. Dann wurden mal kurz ein paar tausend Leute entlassen, Standorte verlegt, Produktlinien gestrichen, und schon war alles wieder im Lot, zumindest für die Anleger. „Von was für Zahlen reden wir denn da? Ein paar tausend Geburten weniger, und schon werden keine Autos mehr gebraucht?"

„Im Vergleich zu vor drei Jahren hat sich die Zahl der Neugeborenen fast halbiert", sagte Arne. Er wirkte blass, was Talbert wunderte. Arne saß in der IT, ein krisensicherer Job. Na ja, das hatte er von seinem eigenen bisher auch immer gedacht.

Das wäre echt scheiße, wenn er gehen müsste. Er konnte sich partout nicht vorstellen, etwas anderes zu bauen als Autos. Es war ihm schon schwergefallen, als er in die E-Sparte wechseln musste. Talbert schaltete sein Smartphone aus.

„Das glaube ich erst, wenn die Personalabteilung mich anfunkt", sagte er. Aufmunternd klopfte er Arne auf die Schulter. „Das wird schon, Alter, Kopf hoch. Dich werden sie garantiert nicht rauswerfen."

„Das glaube ich auch nicht."

„Und wieso ziehst du dann so ein Gesicht?"

Arne sah sich unauffällig um. „Wir wollten doch noch mehr Kinder haben", sagte er leise. Talbert verzog keine Miene. Arne und seine Caro hatten schon zwei Kinder, und Talbert war es ein Rätsel, wie ein Mann sich noch mehr davon wünschen konnte. Aber Arne tickte in dieser Hinsicht einfach anders als er. „Was, wenn das stimmt, was man so über das Virus hört? Wenn wir zu lange gewartet haben?"

Talbert zögerte kurz. „Ich würde mir keine Sorgen machen. Die Schwester von meiner Ex arbeitet an dem Virus. Die meinte neulich erst, sie würden garantiert eine Lösung finden. Dauert vielleicht noch ein, zwei Jahre, aber sie ist sicher, dass sie das alles wieder in den Griff bekommen. Wie damals bei Corona."

„Echt?“ Arnes Gesicht hellte sich ein wenig auf. Sein Kumpel war nicht nur beim Thema Kinder, sondern auch beim Thema Virus anders drauf als Talbert. Er verschlang sämtliche Berichte darüber und kannte immer die neuesten Statistiken. Und wenn es mal wieder hieß, es sei längst zu spät und x Prozent der Menschen seien schon unfruchtbar, dann glaubte er diesen Blödsinn, egal, von wem die Zahlen stammten. Mit ihm darüber zu streiten, war sinnlos. Aber wenn's ihn und seine Caro glücklich machte, tischte Talbert ihm gerne eine kleine Flunkerei auf.

Dabei hatte er Kira erst zwei Mal in seinem Leben gesehen und schon seit Jahren nicht mehr mit ihr gesprochen. Er wusste nur, dass sie zu den Wissenschaftlern gehörte, die herausgefunden haben wollten, dass dieses Virus unfruchtbar machte, aber da war für Talbert das letzte Wort noch längst nicht gesprochen. Nicht, solange man jeden Tag irgendeine neue Theorie über das Virus hörte. Man *schätzte,* dass sich die Mehrheit der Menschen bereits angesteckt hatte, und man *vermutete,* dass die meisten Infizierten auch unfruchtbar wurden. Aber wie bitte schön kamen diese *Schätzungen* zustande – saßen da ein paar Nerds in ihrem Labor zusammen und würfelten die Zahlen aus? Irgendwelche offiziellen Verlautbarungen hatte er nämlich noch nicht gehört, nicht so wie damals bei Corona, wo schon fast lächerlich genau die Inzidenzen für jeden Tag genannt wurden, was er genauso unglaubwürdig fand. Woher wollten die auch die genauen Zahlen nehmen? Hier in Europa oder den USA mochte das ja noch halbwegs funktionieren, aber in anderen Teilen der Welt kannten die Leute ja teilweise nicht einmal ihr Geburtsdatum, wie wollte man da an verlässliche Zahlen über ein Virus kommen, das kein Schwein ernst nahm?

Talbert jedenfalls weigerte sich, seinen eigenen Kopf auszuschalten und jeden Mist zu glauben, der im Moment verbreitet wurde. Selbst wenn es einen Zusammenhang gab zwischen diesem Virus und der Tatsache, dass in den letzten Jahren weniger Kinder geboren wurden, war das noch lange kein Grund, hysterisch zu werden. Talbert würde wetten, dass Malous Tante schon wie eine Blöde an einem Gegenmittel arbeitete. Mensch, vielleicht hatte er ja in ein paar Jahren eine Nobelpreisträgerin in der Familie. Das wär doch mal was.

Die Politik jedenfalls schien sich nicht weiter dafür zu interessieren. Aus Berlin kam gar nichts zum Thema Virus, aber für die hieß „Zukunft" ja sowieso nur die Zeit bis zur nächsten Wahl. Die Wirtschaft war da schon vorsichtiger, vor allem aktiennotierte Unternehmen und Konzerne, die eher langfristige Projekte am Laufen hatten. Ölkonzerne, Pharmaunternehmen, Energieversorger ... die wurden schnell mal nervös, und alle bekamen es mit. Talbert hielt selbst ein paar Aktien – BMW, Tesla, SpaceX und noch ein paar andere Tech-Konzerne – und kannte sich aus. Nichts war gefährlicher, als ganz schnell zu verkaufen, sobald es mal etwas schlechter lief. Also wartete er schön ab, das würde sich schon alles wieder beruhigen. Elon Musks SpaceX hatte das Projekt zur Besiedelung des Mars zwar erst mal auf Eis gelegt – klar, wozu auch so viel Geld investieren, wenn später vielleicht niemand mehr da war, der die überteuerten Tickets kaufte, aber die Weltraumflüge für Touristen liefen wie geschnitten Brot. Ganz ehrlich, wenn er das Geld übrighätte, würde Talbert sich auch mal für ein paar Tage da hochschießen lassen. Einmal die Erde von außen sehen – das wär's. Überhaupt boomte gerade alles, was teuer war und Spaß brachte – Reisen, Partys, fette Autos ... Man könnte glatt meinen, die Welt würde nächste Woche untergehen, und jetzt musste noch schnell das letzte Geld verprasst werden. Die Aktienkurse für Champagnerproduzenten gingen gerade regelrecht durch die Decke – vielleicht sollte er sich die Gelegenheit nicht entgehen lassen und auch ein paar Euronen investieren.

Aber Sorgen machte er sich nicht, auch nicht, nachdem Arne ihm von den Gerüchten über einen bevorstehenden Stellenabbau erzählt hatte. Talbert hatte schließlich noch alle seine Sinne beisammen und wusste, wie der Hase lief. Die Menschen glaubten doch bei jeder größeren Krise, dass das Ende der Welt vor der Tür stand. Konnte man ja bei Asterix nachlesen: Schon die Gallier hatten Angst, dass ihnen der Himmel auf den Kopf fällt. Der Halley'sche Komet hat die Menschen früher regelmäßig in Panik versetzt. Oder die Zeugen Jehovas – die waren jetzt natürlich voll im Aufwind. Die Welt ging unter, und sie hatten es schon immer gewusst!

Natürlich gab es auch massenhaft Schlauköpfe, die auf den Zug aufsprangen und sich als Ranger ausgaben. Schon bald nach der ersten Botschaft hatten sich die ersten zu Wort gemeldet und ihre Köder ausgeworfen. *Ich bin ein Ranger. Hört mich an! Folgt mir!* Sie traten entweder als zornige Verkünder des Untergangs auf und behaupteten, sie wären gekommen, um die Menschen für ihre Sünden zu bestrafen, oder sie gaben den sanften Hippie, schwafelten von Liebe und Verzeihung und verkündeten, die Menschen erretten zu wollen. Manch einer dieser Spinner hatte mittlerweile eine beachtliche Jüngerschar um sich versammelt und ließ sich anhimmeln. Einer von denen, ein früherer Fernsehprediger aus den USA, hatte seine Anhänger aufgefordert, ihm ihren gesamten Besitz zu überlassen, denn nur so könnten die Schäden, die die Menschheit verursacht hat, beseitigt werden und die Sünder sich von ihrer Schuld freikaufen. Vor zwei Wochen war dieser Typ auf seinem luxuriösen Anwesen in Florida, das er sich vom Geld seiner Schäfchen gegönnt hatte, verhaftet worden. Von der Kohle würden die Leute, die auf ihn hereingefallen waren, wohl nichts wiedersehen. Tja, dumm gelaufen.

Talberts Ansicht nach kamen die meisten Leute, die diesen Scheiß vom Ende der Menschheit glaubten, einfach nicht mit diesem modernen Leben klar. Die Digitalisierung, die Entwicklung von künstlicher Intelligenz, die Energiewende, die Anpassungen an den Klimawandel – lauter Riesenprojekte, bei denen man besser nichts überstürzen sollte. Aber jedes Mal gab es irgendwelche Spinner, die Zeter und Mordio schrien und verlangten, dass jede noch so bekloppte Idee sofort umgesetzt wurde, am besten schon vorgestern. Klar, dass das den Leuten Angst machte. Konnte er irgendwie ja auch verstehen. Wenn er so an seine alte Mutter dachte – die war einundachtzig Jahre alt und mit dieser modernen Welt komplett überfordert. Jetzt hatte sie irgendwo aufgeschnappt, dass die Menschheit ausstirbt, und machte sich Sorgen, wer dann für sie einkaufen gehen würde, wenn ihre Nachbarin nicht mehr da wäre, um ihr mal eine Tüte Milch oder zwei Eier mitzubringen. Es war ihr einfach nicht beizubringen, dass das alles nur Panikmache war, und dass sie in ihrem Alter das gar nicht mehr erleben würde, selbst wenn die Menschen tatsächlich aussterben würden.

Wenn er so überlegte, was seine Mutter schon alles mitgemacht hatte … Sie war in ganz einfachen

Verhältnissen auf dem Land aufgewachsen. Sie musste sich ein Bett mit ihrer Schwester teilen und jeden Tag fünf Kilometer zur Schule *laufen*. Es gab kein Fernseher, kein Telefon, keine Zentralheizung. Gekocht wurde auf einem alten Kohleofen, Fleisch gab es nur an Feiertagen, wenn überhaupt, sonst nur Kartoffeln und Kohl. Da wurde nichts weggeworfen, da kam nichts in den Müll, das man vielleicht noch mal brauchen könnte. Alles wurde gesammelt und gehortet, teilweise bis heute. Seine Mutter war eine einfache Frau. Sie lebte in ihrer kleinen Zweizimmerwohnung, sie hatte es warm, einen neuen Fernseher, Radio und Telefon. Mikrowelle, E-Herd, Warmwasser aus dem Wasserhahn und einen Aufzug im Haus. Was für Veränderungen diese Frau in ihrem Leben erlebt hat! Allein das Telefonieren … Früher musste sie bei einem Notfall zum einzigen Lebensmittelladen im Dorf laufen, oder zum Pfarrer, dort standen die einzigen Apparate, vermutlich noch diese klobigen schwarzen Dinger mit Wählscheibe. Jahre später erst, als sie schon mit ihrem Mann in der Stadt lebte, bekam sie dann ein Telefon in die Wohnung. Und jetzt hatte sie ein Mobiltelefon, mit dem sie Talbert von überall aus anrufen konnte. Was sie leider auch häufig tat.

Für die jungen Leute heute war diese ganze Technik selbstverständlich, dabei hatten sie keine Ahnung, wie das alles funktionierte. Hatte Talbert ja, ehrlich gesagt, auch nicht unbedingt, dazu war alles viel zu komplex und kompliziert geworden. Wenn du früher die Motorhaube von einem Auto aufgemacht hast, hast du sofort gesehen, was Sache ist. Mit einem Satz Schraubenschlüssel, Zange und Hammer hast du jeden Motor wieder hinbekommen, zumindest so weit, dass er es in die nächste Werkstatt geschafft hat. Und heute? Heute brauchst du einen Computer, um rauszukriegen, was der Wagen hat. Und einen zweiten, um ihn zu reparieren. Früher konntest du, wenn du keine Scheu hattest, dir die Hände schmutzig zu machen, und nicht völlig vernagelt warst, deinen Wagen fast selbst auseinander und wieder zusammenschrauben. Und heute? Bei manchen neuen Modellen musste man, wenn die Scheinwerfer defekt waren, in die Werkstatt und neue einbauen lassen. Wohlgemerkt, neue Scheinwerfer, nicht nur neue Leuchtmittel. Unter fünfhundert Tacken kam man da nicht wieder raus.

Aber Fortschritt hatte eben seinen Preis. Manche Leute ärgerten sich, dass man sich die Sachen ständig neu kaufen musste, anstatt sie reparieren zu lassen. Klar, das ging ja auch mächtig ins Geld. Doch wer nie was Neues kaufte, klebte ewig am Alten fest. Leben war Veränderung! Wer nicht mit der Zeit ging, war schneller abgehängt, als er bis drei zählen konnte. Talbert jedenfalls wollte nicht mit so einem alten Smartphone rumlaufen, nur weil es noch funktionierte. Spätestens nach zwei Jahren brauchte er was Neues.

Seine Tochter war da ganz anders. Bei ihrem letzten Besuch wollte er ihr ein neues Smartphone kaufen, sie hatte noch so eine ganz alte Gurke. Nee, hatte sie zu ihm gesagt, lass man, das geht doch noch. Und dann hat sie ihm einen Vortrag gehalten, wie viele Rohstoffe in so einem Handy steckten und dass dafür irgendwelche Menschen irgendwo auf der Welt leiden müssten, und das mit der Entsorgung sei ja auch schwierig, da landeten dann die alten Handys irgendwo in Afrika auf einer Müllkippe und brachten Leute um.

Talbert hatte irgendwann abgeschaltet und nicht mehr zugehört. Siebzehnjährige konnten echt anstrengend sein.

Dabei kam er eigentlich ganz gut mit seiner Tochter aus. Ihre Mutter und er hatten sich getrennt, als Malou noch ganz klein war. Elena wollte zurück in den Norden. Ihr fehle das Meer, hatte sie gesagt. Und ihm würde da oben seine Arbeit fehlen, hatte er geantwortet. Autos wurden nun einmal im Süden gebaut, und Elena hatte von Anfang an gewusst, worauf sie sich einließ.

Also sah er Malou nur selten. Einmal im Jahr, in den Sommerferien, und manchmal noch zwischendurch, wenn er es in den Norden schaffte. Aber sie zoomten regelmäßig und waren bei Facebook befreundet, aber das nutzte sie so gut wie gar nicht – Seniorentreff, nannte sie das. Pah!

Als die Verbindung bei Zoom stand und er Malous Gesicht sah, merkte er, dass sie aufgewühlt war.

„Was ist los?“, fragte er.

„Ich habe den Test gemacht.“

„Was für einen Test?“ War sie etwa schwanger?

„Den Fruchtbarkeitstest“, sagte sie. „Ich bin unfruchtbar, vom Virus.“

„Scheiße“, sagte er und dachte an den Kinderwagen vor seiner Wohnungstür, an dem er sich jeden Morgen vorbei quetschen musste, und an das nervige Geschrei aus der Nachbarwohnung. Ein bisschen mehr Unfruchtbarkeit fände er persönlich ganz gut. Weltweit gesehen könnte das auch nicht schaden. Mehr als acht Milliarden Menschen drängten sich auf diesem Planeten, das waren locker ein paar Milliarden zu viel. Aber das sagte er seiner Tochter natürlich nicht.

„Nimm es nicht zu schwer“, sagte er stattdessen. „Ich bin sicher, dass die Wissenschaft da eine Lösung finden wird.“

„Das sagt Kira auch. Aber ich weiß nicht … Es passt einfach alles zu dem, was die Ranger sagen.“

Malou glaubte allen Ernstes, dass es diese Aliens wirklich gab und dass die Menschen jetzt aussterben würden. Er konnte gar nicht mehr zählen, wie oft er versucht hatte, ihr diesen Unsinn auszureden.

„Hey“, sagte er. „Jetzt, wo man weiß, was dieses Virus anstellt, geht es ratzfatz, dann gibt es ein

Gegenmittel, eine Impfung, was weiß ich. Ich denke, da kannst du deiner Tante vertrauen." Er musste sich zusammenreißen, um beim Gedanken an Elenas Schwester nicht die Augen zu verdrehen.

Kira war schon immer ganz besessen von ihrer Arbeit gewesen, man durfte sie auf gar keinen Fall danach fragen – was sie eigentlich genau machte, wie groß der Einfluss der Gene wirklich war, wie genau Gene eigentlich funktionierten, solche Sachen eben – dann textete sie einen den ganzen Abend voll. Talbert hielt sie für ziemlich intelligent, aber sie hatte auch etwas von einem Fachidioten. Er hatte ja nichts gegen Forschung oder Wissenschaft, schließlich arbeitete er selbst in einem Forschungslabor, er kannte sich aus. Aber diese Wissenschaftler in ihrem Elfenbeinturm waren so abgehoben, die hatten doch nicht die blasseste Ahnung, worum es im Leben wirklich ging. Die hockten über ihren Mikroskopen und zählten die Moleküle und die Higgs-Teilchen oder weiß der Teufel was, aber vom wahren Leben hatten die doch keinen Schimmer. Ingenieure wie Talbert waren es, die ganz konkret die Zukunft gestalteten. Er war derjenige, der neue Technologien zum Laufen brachte. Er war derjenige, der sich fragte: *Wie kann das im Alltag funktionieren?* Er war ganz nah dran und wusste, was die Leute wollten, nämlich ein Leben ohne Stress. Technik, die das Leben erleichterte, und dazu etwas Spaß und das Gefühl von Freiheit und Abenteuer.

„Aber vielleicht ist es auch gar nicht so verkehrt", sagte Malou. „In diese Welt Kinder zu setzen, wäre auch ziemlich verantwortungslos."

„Eine andere haben wir aber nicht", sagte er.

„Ach nein? Und warum hast du dich dann nicht besser um sie gekümmert?"

Ging das schon wieder los? Er hatte keinen Bock auf diese ewigen Diskussionen und Malous Vorwürfe, die Alten hätten alles vermasselt. Wenn sie erst in seinem Alter war, würde sie schon merken, dass das Leben nicht so lief, wie man sich das mit siebzehn so vorstellt.

„Hast du eigentlich schon eine Idee, was du nach der Schule machen willst?", fragte er, anstatt auf ihre Provokation einzugehen. In einem Jahr machte sie ihr Abi, und eine Weile hatte sie davon gesprochen, vor dem Studium für ein Jahr ins Ausland zu gehen. Work & Travel oder so was. Klang gut, und so ein wenig soziales Engagement machte auch im Lebenslauf was her.

„Keine Ahnung. Irgendetwas Sinnvolles, mit dem ich später etwas anfangen kann."

„Toller Plan", sagte er. „Das schränkt die Auswahl ja ungemein ein."

„Du bist doof", sagte sie. „Wir sterben aus, und ich werde mit zu den letzten Menschen gehören. Ein Germanistikstudium hilft mir da wenig. Oder was mit Medien."

„Die Menschheit stirbt nicht aus“, sagte er.

„Mag sein, dass irgendwo ein paar Menschen übrigbleiben werden. Aber wenn ich alt bin, wird die Welt anders aussehen als heute.“

„Natürlich wird sie das“, sagte Talbert. „Die Welt verändert sich, das gehört zum Leben dazu. Als deine Großeltern so alt waren wie du, gab es weder Handys noch Computer. Die haben noch mit dem Rechenschieber gerechnet, und auf ihren ersten Farbfernseher haben sie mit Sekt angestoßen.“

„Hätten sie stattdessen mal lieber den Bericht des Club of Rome gelesen“, sagte Malou.

„Und dann? Hätten sie den Fernseher verschenken und sich in Sack und Asche kleiden sollen? Hätte das irgendetwas geändert, wenn sie persönlich verzichtet hätten, während alle anderen um sie herum munter das Leben genießen?“

Malou schwieg, und Talbert verspürte ein leichtes Triumphgefühl. Mit ihren siebzehn Jahren glaubte seine Tochter, sie wüsste, wie das Leben lief. Aber es gab keine einfachen Wahrheiten, doch das würde sie erst später kapieren. „Wenn alle verzichtet hätten, hätte es etwas geändert“, sagte sie schließlich.

„Und wie willst du die Menschen dazu bringen, auf das bisschen Wohlstand zu verzichten, den sie sich hart erarbeitet haben?“

„Ich kann niemanden zu irgendetwas bringen, das ist ja das Problem. Jede Person trägt einen Teil der Verantwortung, und den kann ihr auch niemand abnehmen.“

„Ach Mädel“, sagte Talbert.

„Was denn?“, fragte sie sichtlich gereizt. „Wenn niemand mehr Fleisch essen würde, gäbe es auch keine Massentierhaltung mehr.“

„So einfach ist das nicht.“

„Warum nicht? Was ist denn so schwer daran, auf Fleisch zu verzichten?“

Talbert verdrehte die Augen. Seit Malou vor ein paar Jahre Veganerin geworden war, fing sie jedes Mal mit dieser Diskussion an. „Lass uns nicht schon wieder streiten, in Ordnung?“ Er dachte an das Schnitzel, dass er heute Mittag in der Kantine gegessen hatte. Nicht gerade ein Gourmetessen, aber gegen diese Pampe, die die Vegetarier vorgesetzt bekamen, war selbst das Billigfleisch immer noch ein Hochgenuss. Nicht zu vergleichen natürlich mit einem saftigen Steak oder einem feinen Sauerbraten, wie seine Mutter ihn zubereitete ... Allein beim Gedanken daran lief ihm das Wasser im Mund zusammen. „In diesem Punkt werden wir nie auf einen gemeinsamen Nenner kommen.“

„Aber den Zusammenhang erkennst du schon, oder? Hoher Fleischkonsum, Massentierhaltung, Abholzung der Regenwälder ... klingelt's da bei dir?“

Jetzt war es an ihm, zu schweigen, denn natürlich wusste er, dass alles irgendwie zusammenhing, Malou hatte es ihm schließlich oft genug vorgebetet. Aber so war der Mensch nun einmal: Er wusste, dass sein Verhalten schädlich war, machte aber trotzdem damit weiter. Talbert nahm sich selbst da gar nicht aus. Aber wieso sollte er gegen seine Natur ankämpfen? Was hätte er davon? Warum sollte ausgerechnet er verzichten, während alle anderen es sich gutgehen ließen? Da wäre er ja schön blöd.

„Ich kann nichts dafür, dass die Welt ist, wie sie ist“, sagte er schließlich. „Und der Welt würde es auch nicht helfen, wenn ich kleines Licht ab jetzt nie wieder ein Stück Fleisch anrühren würde.“

Als er den Computer längst ausgeschaltet hatte, mit einem Bier auf seinem Balkon den Feierabend genoss, die Stadt als Lichtermeer vor sich, dachte Talbert noch einmal an die Vorhaltungen seiner Tochter. Natürlich hatte sie recht, irgendwie. Wenn alle Menschen aufhören würden, Fleisch zu essen, wäre es besser für diesen Planeten. Aber der Punkt war, dass niemals *alle* damit aufhören würden, zumindest nicht freiwillig. Und das Gezeter bei einem Verbot wollte er sich gar nicht erst vorstellen, die Leute würden glatt einen Aufstand vom Zaun brechen.

Man konnte es drehen und wenden, wie man wollte: Verzicht war einfach scheiße.

VAVEDI

Farida, meine Geliebte, ich denke jeden Tag an dich und sehne mich nach dir. Mein Herz zerbricht daran, dass wir uns nie wieder sehen können!

Ich glaube nicht daran, dass wir alle sterben werden. Das haben wir nicht verdient.

Tod allen Verrätern, Tod den USA!

O Mann, diese Schwachsinnsseite gibt's immer noch?

Was genau macht uns so bösartig?
Die Seelenmoleküle der Erde sind nicht in der Lage, sich an frühere Leben zu erinnern. Ein einzigartiges Phänomen, das wir nur hier auf diesem Planeten ausgiebig studieren konnten.

Beim letzten Hochwasser wurde unser Haus weggespült. Jetzt ist meine Familie obdachlos.

Doch das ist nicht die einzige Besonderheit.
Alle Lebensformen im Universum verfügen über ein bestimmtes Gen, das verhindert, dass Lebe-

wesen sich selbst und ihrer Umwelt Schaden zufügen oder sich gar selbst vernichten.

Liebe Ranger, in der Schule werde ich von den anderen Kindern immer geärgert und verprügelt. Könnt ihr nicht mal kommen und mir helfen?

Und wenn wir einfach alle anfingen, uns zu ändern? Vielleicht würden sie uns dann verschonen.

Ich brauche Hilfe. Ich bin krank, und mein Vermieter will mich aus der Wohnung werfen! Bitte helft mir! Ich wohne in Dallas, Texas.

Dieses Jahr hat zum ersten Mal unsere Palme im Garten überwintert – und sie hat es überlebt!

Wie es wohl ist, ewig zu leben? Ich stelle es mir schrecklich vor.

Bitte macht, dass es bald regnet, sonst haben wir dieses Jahr keine Hirse.

Wenn die Neugier zu groß wird und ein Individuum sich in Gefahr begibt; wenn leichter Übermut ausufert und zu Leichtsinn werden will; wenn Frustration und Zorn sich in Aggression zu verwandeln drohen; wenn mein Handeln zum Nachteil eines anderen Individuums führen würde - dann wird automatisch ein chemischer Prozess in Gang gesetzt. Botenstoffe werden ausgeschüttet, die direkt auf das Gehirn und den Körper des Individuums einwirken und es von seinem selbstzerstörerischen Weg abbringen.

Scheißdesign, diese Seite. Total unübersichtlich. Hier kann man ja noch nicht mal einzelne Beiträge liken.

Dieses Gen existiert überall – außer auf der Erde. Die Bewohner dieses Planeten gleichen einem Auto, das ohne Bremsen eine kurvenreiche Strecke entlang rast. Und das betrifft nicht nur die Menschen: Alle Lebewesen dieses Planeten nutzen dieselbe gefährliche DNA.

Ich möchte gerne diese Gemüsepfanne haben.

Affenclans überfallen andere Clans, um Weibchen und Nahrungsmittel zu rauben. Bei Elefanten wurde beobachtet, dass Jungbullen Nashornweibchen vergewaltigen. Verfeindete Ameisenkolonien führen gegeneinander Krieg. Wenn sie könnten, würden auch Hamster sich die Erde untertan machen.

In Sydney gibt es ein supercooles Café in der Pitt Street. Unbedingt vorbeischauen!

In meinem nächsten Leben möchte ich ein Adler sein.

Von allen Lebewesen dieses Planeten droht dem Universum Gefahr. Aber nur die Menschen sind in der Lage, ins Weltall zu fliegen.

Alter, wenn du noch einmal meine Schwester anfasst, schlag ich dir die Fresse ein! Lass sie in Ruhe, oder du kannst was erleben!

Schon im nächsten Leben könnt ihr euch an nichts erinnern, was ihr je erlebt und getan habt. Euer Blick auf die Welt ist klein und eng, doch euer Drang, immer wieder von Neuem Grenzen auszutesten und zu sprengen, ist grenzenlos.

Ich habe heute eine Weltreise für mich und meine Frau gebucht. Wenn eh alles den Bach runtergeht, können wir es uns ja noch mal schön machen.

Oho, hört, hört, wir sind also wegen unserer Gene so gefährlich! So ein bescheuerter Biologismus. Noch nie was von Erziehung und Sozialisation gehört?

Es war faszinierend, euch dabei zu beobachten, wie ihr trotz eurer Einschränkungen so weit gekommen seid. Ihr müsst bei jedem Leben neu beginnen - und doch ist es euch gelungen, euer Wissen von Generation zu Generation weiterzugeben und zu mehren. Ihr scheut kein Risiko und fürchtet den Tod nicht, obwohl er euch wie das Ende von Allem erscheinen muss.

Ich habe Angst.

Gleichwohl stellt ihr eine Gefahr dar, für euch und andere.
Die Zeit des Beobachtens ist vorbei.
Wir mussten handeln.

MALOU

Es ist fast dunkel geworden. Die Sonne ist verschwunden, am Himmel ist nur noch ein schmaler Lichtstreifen zu erkennen. Und Sterne. Mehr Sterne als damals, am Anfang von Ende. Heute gibt es keine Laternen mehr, keine hell erleuchteten Riesenstädte, deren Lichter weit in den Nachthimmel hineinstrahlen und sogar vom Weltall aus zu sehen sind. Wenn die Sonne heute untergeht, ist es finster. Früher waren bei den Nachbarhäusern noch schwache Schimmer zu erkennen, von Kerzen, Petroleumlampen, offenen Feuern oder selten auch von elektrischem Licht. Doch seit Grita vor zwei Jahren von der Leiter fiel und starb und Thekla nicht ohne sie bleiben wollte und die Pille genommen hat, sind Jonas und ich sind die letzten Bewohner unserer Enklave.

Ich stehe auf und gehe langsam zurück zum Haus. Ich muss vorsichtig sein, denn mein Knie bereitet mir seit einiger Zeit Sorgen, und auch mein Herz zwingt mich, mir Zeit zu lassen. Der Weg führt mich durch den großen Garten, in dem wir Gemüse ziehen, vorbei an den Obstbäumen und dem Gehege der Hühner, die leise und zufrieden in ihrem Stall gackern. Ich überprüfe, ob ich das Gatter zum Ziegenstall gut verschlossen habe. Wolke und Susa heben kurz die Köpfe und sehen mich an, und ich streiche über ihr dichtes, drahtiges Fell. Auch sie sind schon alt und geben schon lange keine Milch mehr. In den ersten Jahren, als unsere Zäune noch niedriger und die Ställe nachts unverschlossen waren, haben sich die Wölfe immer wieder mal ein Lamm geschnappt und auch ein paar Muttertiere gerissen. Nächtelang haben wir in der Enklave darüber diskutiert, ob wir es verantworten können, überhaupt Tiere zu halten, doch am Ende beschlossen wir, dass es nicht verwerflich ist, sich um eine Hand voll Hühner und Schafe zu kümmern und dafür ab und zu ein Ei, etwas Milch oder Wolle zu bekommen. Wir kennen unsere Tiere und versuchen, ihnen ein gutes Leben zu bereiten und sie zu behüten. Doch so, wie wir die letzten Menschen sind, sind auch unsere Tiere die letzten ihrer Art. Wie sollen die Hühner und Schafe ohne uns überleben, wenn sie nur ein Leben mit unserem Futter und unter unseren Schutz kennen? Die meisten Tiere, die der Mensch früher gehalten hat, weil sie ihm als Nahrung dienten, sind vermutlich inzwischen ausgestorben. Es ist Jahre her, seit ich eine Kuh gesehen habe. Früher hatten wir Pferde, um damit schneller von einem Ort zum anderen zu kommen. Doch die Tiere fraßen Unmengen und waren oft krank. Die meisten von ihnen hätten in der Wildnis nicht überleben können. Ziegen haben vielleicht eine Chance, sie sind klug und haben ihren eigenen Kopf, doch unsere Hühner würden ohne uns nicht durch den Winter kommen – wenn Fuchs und Wolf sie sich nicht schon vorher holen würde. Mit dem Menschen verschwinden auch seine Haustiere. *Nutztiere* wurden sie früher genannt. *Wie viel Stück Nutzvieh hast du?* 500.000 Hühner. 10.000 Muttersauen. 250.000 Ferkel.

Die Seelen auf diesem Planeten können sich nicht an die früheren Leben erinnern, und die Ranger sagen, das sei der Grund dafür, dass es mit dem Homo capitalis diese fatale Entwicklung genommen hat.

Ist das so? Wäre unsere Geschichte, die Geschichte dieses Planeten anders verlaufen, wenn wir uns an unsere früheren Leben erinnert hätten? Sind die Erinnerungen an frühere Leben zwingend notwendig, um anzuerkennen, dass jedes Lebewesen, egal ob Mensch, Tier oder Pflanze, dasselbe Recht auf Leben hat, auf ein Leben in Würde, ohne Gefangenschaft, ohne Schmerzen, den eigenen Bedürfnissen entsprechend? Das reine Wissen darum hat jedenfalls nicht ausgereicht. Nicht einmal unter unseresgleichen haben wir es je geschafft, nach dieser so einfachen Regel zu leben: gleiches Recht für alle. Wir konnten uns nur deshalb der Illusion hingeben, als Gleiche unter Gleichen zu leben, indem wir fein säuberlich getrennt haben in *wir* und *die anderen*. Die Menschen zogen ständig eine Mauer zwischen sich und dem Anderen. Hier wir Menschen, dort die Tiere. Hier die Guten, dort die Bösen, hier die Starken, dort die Schwachen. Das Andere, das konnten alle anderen Geschöpfe auf diesem Planeten sein – oder die Bewohner des nächsten Dorfes, des nächsten Staates. Ob die Menschen je erkannt hätten, wirklich begriffen hätten, dass sie, wenn sie anderen Lebewesen nicht die gleichen Rechte zugestehen wie sich selbst, nicht nur das Fremde, sondern immer auch sich selbst millionenfach versklaven, misshandeln und töten?

Wie anders wäre die Geschichte dieses Planeten verlaufen, wenn das Recht auf ein gutes Leben jederzeit von allen als ein unumstößliches Gebot anerkannt worden wäre? Wenn niemand das eigene Glück auf dem Unglück anderer gebaut hätte? Wenn der Tod weniger Schrecken verbreitet hätte als ein elendes Leben, weil alle *gewusst* hätten, dass es mit diesem einen Tod nicht zu Ende ist?

Doch wie hätten die Menschen mit ihrem Nicht-Wissen sich nicht vor dem Tod fürchten sollen? Viele Religionen versprachen zwar ein Leben nach dem Tod, eine Wiedergeburt, ewiges Leben

– aber sie hatten nicht mehr zu bieten als die Aufforderung: Glaubt. Glaubt uns einfach, was wir sagen.

Die Ranger haben nie von uns verlangt, an sie zu glauben. Sie haben diejenigen, die es nicht taten, nie bestraft; nie diejenigen bevorzugt, die sich offen zu ihnen bekannten. Sie sagten: Ihr werdet aussterben, und damit hatten sie recht. Sie sagten: Eure Seelen werden sich nach eurem Tod an andere Körper binden. Ich hoffe, dass sie auch damit recht haben. Ich glaube daran. Ganz fest.

Ich bleibe kurz stehen und lausche in die Nacht. Im nahen Wald schreit ein Uhu, in der Ferne heulen die Wölfe. Neben mir unter den Johannisbeersträuchern höre ich ein leises Rascheln. Ein Igel vielleicht, oder eine Maus.

In der großen Weide erkenne ich den dunklen Schatten einer Krähe. Sie sitzt oft dort und beobachtet mich. Ich bin mir sicher, dass sie ein Ranger ist, und habe das Gefühl, sie schon lange zu kennen. Ausgeschlossen ist das nicht. Sie geben sich zwar nie zu erkennen, aber irgendwo müssen sie ja sein. Sie haben uns nie verraten, wie viele sie sind, aber ich glaube, dass jeder Mensch in seinem Leben immer wieder einmal Rangern begegnet ist. Je älter ich wurde, desto öfter meinte ich, sie in Gestalt eines Tieres oder manchmal auch eines Menschen zu erkennen. Gewiss habe ich mich dabei oft getäuscht, trotzdem hat der Gedanke etwas

Tröstliches: von Wesen umgeben zu sein, die uns wohlgesonnen sind.

Ich mag die Krähe, und ich glaube, sie mag mich auch. Manchmal, wenn mich die Traurigkeit oder der Zorn übermannt, kommt sie angeflogen und setzt sich ganz in meine Nähe. Sie lässt sich von mir mit dem Finger das Gefieder kraulen, und dann spüre ich, wie ich ruhiger werde.

Es ist keine Strafe.

Das vergesse ich gelegentlich, und die Krähe hilft mir, mich wieder daran zu erinnern. Heute nicke ich ihr wortlos zu, und sie schlägt einmal kräftig mit den Flügeln. Es ist ihre Art, mir eine gute Nacht zu wünschen.

Ich spüre eine tiefe Zufriedenheit.

Jonas sitzt in der Küche unseres kleinen Hauses. Als ich hereinkomme, schaut er kurz auf. Wie alt er aussieht, so in sich zusammengesunken ! Er hat abgenommen in den letzten Wochen, sein Gesicht ist hager. An seinem Hemd kleben frische Holzspäne. Er hat heute ein paar Obstbäume beschnitten.

„Wie war dein Tag?“, fragt er.

„Ich habe auf unserer Bank gesessen, zum Fluss geschaut und mich an früher erinnert“, sage ich. „Es ist ein schöner Abend. So friedlich. Die Erde ist ohne uns wirklich besser dran.“

Er schweigt, doch ich spüre sein Lächeln, auch wenn es nicht zu sehen ist. Natürlich weiß er genau, was ich meine. Jonas war wie ich einer der

Ersten, die sagten: Es ist gut, dass wir verschwinden.

Doch selbst, wenn es uns nicht mehr gibt, wenn kein einziger Mensch mehr am Leben ist, werden unsere Hinterlassenschaften noch lange nachwirken. Oberflächlich wird es vielleicht so aussehen, als würde sich die Natur unsere Städte zurückerobern, als würden sich die Flussniederungen in Moore verwandeln. Doch unter der Oberfläche lagern unsere Gifte, unser Mikroplastik, unser Atommüll, der ewig weiterstrahlen wird, bis die Erde in sieben Milliarden Jahren von der Sonne verschluckt werden wird. Wir Menschen haben diesen Planeten nachhaltig geprägt und verändert. Einen Zustand wie vor zehntausend Jahren, als der Homo sapiens sich aufmachte, die Welt zu erobern, wird es nie wieder geben.

Obwohl meine Tante mir immer wieder versicherte, sie würden das Virus noch rechtzeitig besiegen, glaubte ich niemals an eine Rettung. Seit ich von den Rangern gehört und ihre Botschaften gelesen hatte; je mehr ich von den Zerstörungen erfuhr, die der Mensch angerichtet hatte und weiterhin anrichtete, desto folgerichtiger erschien es mir, dass es so nicht weitergehen konnte. Ich zweifelte weder an der Existenz der Ranger noch am Ende der Menschheit. Für mich stand immer fest, dass meine Generation eine der letzten auf diesem Planeten sein würde.

Lange Zeit war ich zornig, so zornig, doch meine Wut richtete sich niemals gegen die Ranger, sondern gegen die Alten, die das Offensichtliche nicht sehen wollten und die Realität leugneten, bis es zu spät war. Klimawandel? Gibt es nicht. Artensterben? Halb so schlimm. Umweltzerstörung? Schwarzmalerei.

Ich erinnere mich noch gut an meine Verzweiflung; an das Gefühl der Hilflosigkeit, wenn die Erwachsenen uns nicht zu verstehen oder ernstzunehmen schienen; an meine Wut, wenn mein Vater mit nicht mehr als einem Achselzucken auf meine Vorhaltungen reagierte. *Sahen* sie denn nicht, was sie anrichteten? Was sie diesem Planeten, was sie anderen Menschen antaten? Es gab Momente, da hätte ich, wenn mir jemand eine Waffe in die Hand gedrückt hätte, blindlings um mich schießen können; mehr als einmal hätte ich meinen Vater am liebsten gepackt und geschüttelt: *Sieh hin! Mach endlich die Augen auf!*

Viele Menschen waren damals wütend. Sobald sich die Existenz des Virus nicht mehr leugnen ließ, nach der Geburt des letzten Menschen, nachdem alle Versuche, das Virus zu besiegen, gescheitert waren und ihnen allmählich dämmerte, dass es wirklich mit uns zu Ende ging – spätestens da suchten sie nach einem Ventil für ihre Angst, ihre Enttäuschung, ihren Zorn. Und wer bot sich besser als Zielscheibe an als die Ranger? Selbst diejenigen, die sie immer nur abfällig die *Aliens* genannt und ihre Existenz stets geleugnet hatten und es zum Teil immer noch taten, gaben jetzt den Rangern die Schuld am Ende der Menschheit. Überall auf der Welt kam es zu Angriffen auf Menschen, die für Ranger gehalten wurden. Sie wurden gejagt, verprügelt oder gar getötet. Niemand konnte sich sicher fühlen, denn wenn die Ranger sich nie zu erkennen gaben, konnte jede Person einer von ihnen sein. Doch natürlich traf es vor allem diejenigen, die schon immer für alles Übel verantwortlich gemacht worden waren: die *Anderen*. Die Fremden, die anders aussahen, anders sprachen, anders liebten, anders dachten. Die Schwachen, die sich nicht wehren konnten, die allein waren und ohne Schutz.

Dort, wo die Gewalt nicht aus den Menschen herausbrach, fingen sie an zu feilschen. Großzügig gaben sie zu, nicht perfekt zu sein, Fehler zu machen, Irrtümern erlegen zu sein – aber mussten wir deshalb gleich komplett ausgerottet werden wie Ungeziefer? Wir sind lernfähig. Wir sind klug. Wir sind in der Lage, Gutes zu erschaffen. Ganz zu schweigen von unseren kulturellen Errungenschaften, der Musik, der Kunst – zählt das alles gar nichts? Wir haben Beethoven, wir verdienen den Tod nicht!

Ich erinnere mich an ein Gespräch mit Kira, kurze Zeit, nachdem sie herausgefunden hatte, was das Virus im menschlichen Körper anrichtet.

„Es ist nicht alles schlecht“, sagte sie.

Was sie eigentlich sagen wollte: Die Menschen sind nicht alle schlecht. Wir sind nicht von Grund auf bösartig. Wir zerstören unsere Welt nicht mit Absicht, sondern nur aus Unkenntnis oder Dummheit. Aus Gedankenlosigkeit, aus Gleichgültigkeit. All das, ja. Aber nicht aus Boshaftigkeit oder weil wir Lust an mutwilliger Zerstörung hätten.

„Ich habe nichts zerstört", sagte Kira. „Ich habe nie willentlich jemandem etwas zuleide getan, keinem Menschen und keinem Tier. Ich bin ein guter Mensch."

Trotzdem hat sie in ihrem Leben anderes Leben zerstört. Allein durch die Tatsache, dass sie in einem reichen Land geboren und aufgewachsen ist, hat sie Ressourcen verbraucht und vom Elend der Menschen in ärmeren Ländern profitiert. Jeder Mensch in den reichen Ländern hatte rund 60 persönliche Sklaven, die in anderen Teilen der Welt für ihn arbeiteten. Sie schufteten in Minen, um die seltenen Erden für sein Smartphone zu schürfen; sie vergifteten sich selbst und ihre Böden mit Herbiziden, damit die Menschen in Europa und Amerika ihren Liebsten jederzeit rote Rosen schenken konnten; sie verbrauchten das Wasser, das sie selbst bitternötig gehabt hätten, um die Baumwolle wachsen zu lassen, die den ständigen Hunger nach neuer Kleidung stillen sollen. Sie schickten ihre Kinder zum Arbeiten auf die Felder und unter Tage anstatt zur Schule, weil sie sonst nicht hätten überleben können. Der Reichtum weniger war nur möglich durch die Armut und das Leiden vieler.

Und ich?

Auch ich habe vernichtet, auch ich habe allein durch meine Existenz getötet, wenn auch nicht in dem Umfang wie Kira und mein Vater und meine Mutter und Millionen mit ihnen. Ich habe Glück, denn meine jetzigen Lebensumstände verhindern, dass ich tausendfach zur Mörderin werde. Ich habe gar nicht mehr die Möglichkeit, billige Kleidung aus Fernost oder völlig überflüssigen Plastikschrott zu kaufen, für die in anderen Teilen der Welt Wasser und Ressourcen verschwendet und Menschen in Armut gehalten werden. Aber wenn es dieses Virus nicht gegeben hätte; wenn es einfach so weiter gegangen wäre; wenn ich nicht einer der letzten Menschen auf diesem Planeten wäre: Hätte ich irgendetwas anders gemacht? Hätte ich etwas anders machen *können?*

Ich erinnere mich an die unzähligen Gespräche mit meinem Vater. *Was ist so schwer daran, auf Fleisch zu verzichten?* Es schmeckte ihm einfach zu gut. Zum Wohle anderer Lebewesen den Konsum zumindest einzuschränken, hielt er für eine Zumutung – und für sinnlos. *Ich kann die Welt nicht retten,* sagte er oft.

Hätten wir Menschen es besser machen können? Wäre persönlicher Verzicht die Lösung gewesen?

Das Handeln jedes Einzelnen hatte schreckliche Konsequenzen, gleichwohl hatte Kira recht: Sie war kein schlechter Mensch. Die wenigsten Menschen waren schlecht. Sie wollten nicht, dass andere Menschen für sie litten, sie wollten nicht, dass dieser Planet sich in eine unwirtliche Wüste verwandelt.

Und doch …

Und doch konnte das nur durch unser Verschwinden im letzten Moment verhindert werden.

Es ist keine Strafe.

Es ist die Heilung.

Ihre Seele ist alt, sie hat viel gelernt und es geschafft, einen Teil ihrer Weisheit zu bewahren, wenngleich sie sich dessen nicht bewusst ist.

Doch selbst sie trägt Gewalt und Zerstörung in sich.

Sie können nicht anders. Weshalb wir diese Spezies auch Homo capitalis nennen. Den zerstörerischen Menschen.

Dauerhaft in Frieden miteinander zu leben, ist ihnen nicht möglich. Eine Weile können sie ihren Hang zum Streit und Kampf unterdrücken oder umlenken, doch irgendwann bricht es aus ihnen heraus wie aus einem explodierenden Vulkan. Ihre Religionen, Kulturen, Philosophien und Gesetze sind nichts als verzweifelte, aber vergebliche Versuche, diese destruktive Natur zu bändigen.

Sie sind wie ein tödliches Virus, gegen das es kein Gegenmittel gibt.

Malou kenne ich schon lange. Unsere Seelen sind einander oft begegnet, auch wenn sie sich nicht daran erinnert. In diesem Leben ist sie eine Menschenfrau. Im letzten Leben war sie eine Hornisse, davor ein Wombat und davor ein Faultier. Der letzte Mensch, an den sie sich gebunden hat, war ein Mann. Im Ersten Weltkrieg starb er im Feuerhagel von Verdun, doch daran kann sie sich natürlich nicht erinnern.

In den freien Zeiten, wenn die Seele ungebunden ist, sind auch die Bewohner dieses Planeten in der Lage, uns wahrzunehmen und sich mit uns zu verständigen. Sie sind durchaus einsichtig, viele von ihnen reagieren entsetzt, wenn sie nach dem Tod des Körpers begreifen, wie viel Leid sie verursacht haben. Was für eine Schneise der Verwüstung sie hinterlassen haben. Sie schwören, beim nächsten Mal alles anders zu machen, wollen Buße tun, wollen helfen, die Welt zu einem besseren Ort zu machen.

Doch dazu kommt es nie.

An einen neuen Körper gebunden vergessen sie alles, was sie je gewusst haben. Dumm sind sie nicht, sie binden sich nicht an ein Nutztier, nachdem sie gerade ein Mensch waren. An einen Eber, der ohne Betäubung kastriert wird; eine Milchkuh, der ein kurzes Leben in einem Stall beschieden ist, die nie im Leben eine grüne Wiese zu Gesicht bekommt, der man die Kinder noch am Tage der Geburt raubt, deren eitrige Euter schmerzen, jeden Tag, jede Minute. Seelen, die an einen Menschen gebunden waren, wählen oft ein Leben als Wildtier. Doch eines Tages sterben auch Hasen, Elefanten oder Delfine. Ihre Seele erinnert sich nur an das letzte Leben, und neugierig, wie sie sind, wollen sie früher oder später ein Leben als Mensch ausprobieren. Dieses seltsame Wesen, das überall zu finden ist, das so wundersame Dinge wie Häuser und Schiffe und allerlei Maschinen erfunden hat. Und alles geht wieder von vorne los.

Manchmal beneide ich die Seelen dieses Planeten um diese Gabe des Vergessens. Um den Zauber des Neuanfangs. All die ersten Male, die sie erleben, als hätte noch nie zuvor ein Wesen sie je erlebt. Die ersten Schritte. Die ersten Worte. Das erste Mal das Meer sehen. Das Staunen, das Wachsen, das Sich-lebendig-Fühlen.

Doch dieses Leben, das immer wieder von vorn beginnt, hat auch seine Kehrseite. Wenn sie alles vergessen, vergessen sie auch den Schmerz und das Leid, das erlittene und das zugefügte. Und wenn sie sich nicht erinnern, was sie nach ihrem Tod erwartet, können sie auch nie ganz die Angst davor ablegen. Diese Angst, die sie lähmt und zugleich antreibt, die ihr ganzes Leben bestimmt, auch wenn sie es sich nicht eingestehen können.

Um mit dieser Angst nicht allein zu sein, haben die Menschen angefangen zu *glauben*. In vielen

Religionen existiert die Vorstellung einer Seele, die nach dem Tod des Körpers weiterlebt – ein Phänomen, das uns Ranger schon immer fasziniert hat. Spüren die Seelen dieses Planeten womöglich doch, dass da noch mehr ist als dieses eine Leben, das sie bewusst erleben? Doch diese Erinnerung ist so vage, so zart, eine so unzuverlässige Zeugin, dass ihnen gegen die Angst nur der Glaube bleibt.

Am Ende jedes neuen Lebens, jeder neuen Bindung, gleich in welchem Körper, steht der Tod, und mit ihm die Angst.

KIRA

Könnte Ben ein Ranger sein?

Das fragte Kira sich nicht zum ersten Mal, während sie ihren liebsten Kollegen verstohlen beobachtete. Dabei gab es fünf Jahre nach der ersten Botschaft immer noch keinen Beweis, dass diese Ranger überhaupt existierten. Es gab VAVEDI, wo sie – oder jemand, der sich als sie ausgab – Fragen beantworten. Eine Website, die allein durch ihre außergewöhnliche Übersetzungsleistung auffiel, und ein Virus, das es nach heutigem Stand der Forschung nicht geben dürfte – das waren die einzigen Argumente, die für die Existenz der Ranger sprachen, denn sie gaben sich niemals zu erkennen.

Gleichwohl kam es auf der ganzen Welt immer wieder zu Lynchmorden, zu regelrechten Hetzjagden auf Menschen, die verdächtigt wurden, Ranger zu sein. Natürlich konnten die Täter nie irgendeinen Beweis vorlegen, dass es sich bei einem der Opfer tatsächlich um einen Außerirdischen gehandelt haben könnte. Wie denn auch – wenn sie in menschlichen Körpern lebten und das Einzige, was sie von den Menschen unterschied, dieses ominöse Seelenmolekül war.

Kira war sich immer noch nicht sicher, was sie davon halten sollte. Es klang so plausibel, so einfach, so logisch – und zugleich so kalt. Die Seele, nicht mehr als ein Molekül, das genauso den Gesetzen der Chemie und Physik unterworfen war wie ein stinknormales Wasserstoffatom? Und dieses Molekül sollte die Essenz eines Menschen, überhaupt eines Lebewesens ausmachen? Kira hatte nie an einen Gott oder eine unsterbliche Seele geglaubt, weil es ihr zu unlogisch erschien. Jetzt bot sich ihr eine Erklärung, die auf den Naturgesetzen fußte, und es war auch wieder nicht richtig. Sie *wollte* nicht daran glauben, weder an dieses Seelenmolekül noch an die Existenz von Außerirdischen. Die Vorstellung, fremde Lebensformen könnten imstande sein, die Menschheit auszurotten, hatte etwas Erschreckendes. Wenn sie diesen Gedanken konsequent zu Ende dachte, gelangte sie jedes Mal unweigerlich an den Punkt, an dem sie das Gefühl hatte, keine Luft mehr zu bekommen. In diesen Momenten fühlte sie sich ganz klein, ganz hilflos, und empfand eine tiefe Sehnsucht nach jemandem, zu dem sie mit ihrer Kleinheit gehen konnte und der ihr versichern würde, dass alles gut werden würde.

Eine Weile hatte sie gedacht, dass Ben vielleicht dieser Jemand sein könnte – wenn da nicht dieser andere Gedanke wäre. Ben gehörte zu den Menschen, die sich stets im Hintergrund hielten, jedoch hier und dort einen Satz, eine Bemerkung, eine Frage einwarfen, die alle weiterbrachte, ohne je die Lorbeeren für sich zu beanspruchen. Viele wichtige Impulse bei der Erforschung von Usutu-2 kamen von ihm. Wären sie ohne ihn überhaupt schon so weit, wie sie heute waren? Kira wusste noch genau, wann dieser Verdacht, er könnte ein Ranger sein, zum ersten Mal in ihr auftauchte. Es war etwa zwei Jahre her; sie sprachen darüber, wie das Virus es schaffte, die DNA der Keimzellen so zu verändern, dass das FSH nicht mehr erkannt wurde. Irgendeine Bemerkung von Ben hatte Kira aufhorchen lassen. An den genauen Wortlaut erinnerte sie sich nicht mehr, es war vor allem die Art, wie er es formuliert hatte: nicht als Möglichkeit, nicht als Frage, sondern so, als wüsste er mit Sicherheit, wie das Virus die Vorgänge in der Zelle steuerte. Als sie nachhakte, nahm er sich sofort zurück, formulierte behutsamer: könnte es nicht sein, dass, möglicherweise, eventuell. Doch ihr ungutes Gefühl blieb. Unterschwellig, kaum wahrnehmbar, aber immer da.

Natürlich war das alles Unsinn. Ben würde nicht einmal einer Fliege etwas zuleide tun. Kira erinnerte sich nicht, ihn jemals wütend oder auch nur gereizt erlebt zu haben, auch nicht nach einem langen Tag im Labor, wenn ein Versuch nach dem anderen fehlschlug, wenn es spät wurde und sich abzeichnete, dass auch dieser Ansatz in eine Sackgasse führen würde. Während alle anderen Kollegen zumindest enttäuscht waren, ihnen die Erschöpfung und Verbitterung anzusehen waren, blieb Ben stets ruhig und freundlich. Mehr als einmal tauchte er just in dem Moment auf, in dem die Anspannung sich in einem handfesten Streit mit Beschimpfungen und ungerechtfertigten Vorwürfen zu entladen drohte, und allein durch seine Anwesenheit glätteten sich die Wogen. Kira fragte sich bisweilen, wie er das anstellte, fand es jedoch nie heraus. War es sein Lächeln? Seine leise, aber feste Stimme, die er so fein modulieren konnte wie ein Solist sein Instrument? Sobald Ben einen Raum betrat, dauerte es nicht lange, und alle Anwesenden wurden ruhiger, kurz darauf hörte man das erste Lachen. Die Mienen hellten sich auf, die Bewegungen wurden fließender, die Stimmung entspannte sich.

Kira dachte an das Virus, das vermutlich in einem Forschungslabor, ganz ähnlich dem, in dem sie jeden Tag stand, erschaffen worden war. Wenn die Ranger tatsächlich existierten und wenn sie unerkannt als Menschen unter ihnen lebten – wäre es dann nicht folgerichtig, dass mindestens einer von ihnen in einem Labor arbeitete, das alle Möglichkeiten bot, um ein Virus wie Usutu-2 zu synthetisieren?

Aber Ben? Der sanfte Ben, der auf alles eine Antwort wusste, der nie um ein Wort verlegen war? Der niemals schwach zu sein schien, der immer für sie da war, wenn sie ihn brauchte? Kira hatte nie einen großen Bruder gehabt, aber Ben wäre für diese Rolle geeignet wie kein Zweiter. Bei ihm fühlte sie sich sicher und geborgen, doch gleichzeitig war er ihr unendlich fremd, gerade weil stets er so perfekt war und für alles eine Lösung wusste. Sie konnte sich nicht vorstellen, dass er je betrunken gewesen oder zu schnell mit dem Auto gefahren wäre, dass er mit seinen Kumpels über die Stränge geschlagen oder sein Zimmer nicht aufgeräumt hätte, bis die letzte Pizza stinkend unter dem Bett vergammelt wäre, wie es bei großen Brüdern unweigerlich irgendwann einmal vorkam. Ben war ohne Makel, weshalb er Kira bisweilen unheimlich war, auch wenn sie sich in seiner Gegenwart wohler fühlte als mit jedem anderen Menschen, den sie kannte.

Sie saßen auf Kiras kleinem Balkon. Es war Frühling und das Ende eines heißen Tages, zu heiß für diese Jahreszeit. Es könnte ein ganz normaler Abend sein, doch sie beide wussten, wie trügerisch dieses Bild war. Seit fünf Jahren war das Virus in der Welt, seit drei Jahren lebte Kira mit dem Wissen, dass die Tage des Homo sapiens gezählt sein könnten, und das veränderte ihren Blick auf alles. Sie sah diese belanglosen Sendungen im

Fernsehen und fragte sich, wie sich irgendein Mensch noch ernsthaft dafür interessieren konnte, ob ein Gemälde eher der Renaissance oder dem Barock zuzuordnen sei. Sie las einen Kommentar, in dem der Sinn eines Tempolimits angezweifelt wurde, und fragte sich: Und wir nennen uns Homo sapiens, den weisen Menschen? Sie sah ein Kind – was selten vorkam – und fragte sich: Wann wird der letzte Mensch geboren werden? Sie hörte, wie sich Jugendliche in der U-Bahn über die Ranger unterhielten, als würden sie tatsächlich existieren, und ein Gefühl von Unwirklichkeit erfasste sie. Was geschah mit ihnen? Würden diejenigen, die heute lebten, wirklich die letzten Menschen sein? Und für einen kurzen Moment stellte sie sich vor, wie es sein musste: der letzte Mensch. Unendlich allein. Unendlich verloren.

Eine Krähe landete auf der Balkonbrüstung. Sie schien keine Scheu vor Menschen zu haben, plusterte sich auf und legte den Kopf schräg. Fast schien es, als würde sie Kira fragend anblicken.

Dir würde es vermutlich besser gehen, wenn wir nicht mehr da sind, dachte Kira. Die Krähe sah sie an und schien zu nicken, als könnte sie Kiras Gedanken lesen.

Auf dem Nachbarbalkon lachte jemand, der Straßenverkehr lag als ständiges Rauschen über der Stadt. Ein Flugzeug flog tief über die Häuser hinweg, als es zur Landung ansetzte. Der Wind trug das dumpfe Signal eines Containerschiffes aus dem Hafen zu ihnen. Alles wirkte wie immer, so friedlich, so … *normal.*

Niemand wusste, wie viele Menschen sich inzwischen mit Usutu-2 infiziert hatten und unfruchtbar waren. Anders als bei der Coronapandemie hatte man das Virus anfangs nicht ernst genommen; auch heute leugneten noch viele Menschen, darunter einige in verantwortlichen Positionen, die Gefahr, die von ihm ausging. Infolgedessen wurde die Anzahl der Infizierten nirgendwo erfasst, ganz abgesehen davon, dass nicht alle Staaten über die dafür notwendige Infrastruktur verfügten.

Doch niemand konnte leugnen, dass Geburtenzahlen überall auf der Welt zurückgingen, und das Wissen über dieses Phänomen wuchs unablässig. Die weltweite Bevölkerungsentwicklung wurde beobachtet, Daten aus verschiedenen Forschungsrichtungen wurden erhoben, zueinander in Beziehung gesetzt und ausgewertet. Die Ergebnisse waren eindeutig: Bei der überwiegenden Anzahl der Fälle war Usutu-2 für die Unfruchtbarkeit verantwortlich. Die globale Wissenschaftscommunity versuchte, die Öffentlichkeit für das Thema zu sensibilisieren; sie legte den Politikern ihre Berichte vor, in denen sie die Folgen der Entwicklung mit deutlichen Worten benannte: Wenn nichts unternommen und keine Lösung gefunden wurde, würde die Menschheit über kurz oder lang aussterben. Die WHO forderte, dem Thema allerhöchste Priorität einzuräumen, alles müsse dieser Frage, von dem das Überleben der Menschheit abhing, untergeordnet werden. Menschen, die noch nicht infiziert waren, müssten schnellstmöglich ausfindig gemacht und isoliert werden; es müssten Vorräte an Eizellen und Sperma angelegt werden, um mit Hilfe künstlicher Befruchtung das Schlimmste zu verhindern.

Die Öffentlichkeit reagierte gespalten. Auf der einen Seite gab es diejenigen, die sich den Forderungen der Wissenschaft anschlossen; auf der anderen Seite standen diejenigen, die abwiegelten: Unfruchtbarkeit habe es schon immer gegeben, wer könne schon mit Gewissheit sagen, dass wirklich alle Fälle von Sterilität auf dieses Virus zurückzuführen seien. Und überhaupt: Der Planet sei so übervölkert, dass eine Reduktion der Erdbevölkerung nicht schaden könne.

Und die Politiker? Sie taten, was sie immer taten: Sie bewahrten Ruhe, warnten vor übertriebenen Reaktionen, veranlassten weitere Studien, wogen alle Seiten ab, zogen die wirtschaftlichen und sozialen Verwerfungen möglicher Maßnahmen in Betracht, dachten an ihre Wähler und Wählerinnen und vor allem an sich selbst.

Die Gesundheitsbehörden einzelner Länder begannen, entsprechende Daten zu erheben, um zu belastbaren Schätzungen über die Verbreitung des Virus zu kommen – mit erschreckenden Ergebnissen. In Belgien könnten 76% der Menschen infiziert sein, in Uruguay mehr als 80%, in den Vereinigten Arabischen Emiraten sogar 92%. In Korea kam es zu Massenunruhen, als es hieß, mehr als 60% der Menschen könnten bereits steril sein, woraufhin einige Staaten versuchten, die Zahlen für ihr Land unter Verschluss zu halten – mit zweifelhaftem Erfolg. Eine Welle aus gewaltsamen Protesten rollte über den Globus.

Darauf reagierte die Politik, denn Unruhen und Ausschreitungen wirkten bedrohlicher als nüchterne Statistiken und Zahlenreihen. Die Mittel der Wahl waren, je nach Regierungsform, der Einsatz von Polizei und Militär, Zensur oder großzügige Konjunkturprogramme. Für welches Instrument sich die Verantwortlichen auch immer entschieden – es half vielleicht, das Land zu befrieden, nicht aber, die Verbreitung des Virus und die dadurch ausgelöste Unfruchtbarkeit einzudämmen.

Die weltweite Geburtenrate sank weiterhin in beunruhigendem Tempo. Noch waren die Auswirkungen zumindest in Gesellschaften, die auch schon vor dem Virus mit Überalterung zu kämpfen hatten, kaum spürbar. Beim Einkaufen, abends im Kino, bei der Arbeit oder im Urlaub fiel es Kira kaum auf, dass immer weniger Kinder geboren wurden. Wenn man nicht gerade in einer Kita arbeitete oder in einem Stadtviertel mit vielen Kindern lebte, war der Nachwuchs in diesem Land schon seit Jahren nahezu unsichtbar. Die paar Eltern mit Kinderwagen weniger und die sinkende Nachfrage nach Schnullern, Kindersitzen und Babywindeln fielen kaum jemandem auf. Ein namhafter Hersteller von Babynahrung hatte die Produktion bereits auf Fertiggerichte für Erwachsene umgestellt, und die Entsorgungsunternehmen hatten Stellen abgebaut – weniger Windeln gleich weniger Müll. In anderen Gegenden der Welt, vor allem in Ländern mit hohen Geburtenraten, traten die Auswirkungen der Unfruchtbarkeit deutlicher zu Tage. Vor einer Woche erst hatte Kira einen Fernsehbericht aus dem Süden der USA gesehen, wo evangelikale Christen junge Frauen zusammentrieben, denen man die alleinige Schuld dafür gab, dass sie keine Kinder gebaren. Die Opfer wurden zwangsweise einem Exorzismus unterzogen, unter den Blicken der Kirchenoberen vergewaltigt, um sicherzustellen, dass sie geschwängert wurden, und anschließend eingesperrt und pausenlos überwacht, damit sie dem Ungeborenen keinen Schaden zufügen konnten.

Überall auf der Welt gab es mittlerweile ganze Dörfer, in denen keine Kinder mehr geboren wurden. Verzweifelt und voller Zorn suchten die Menschen nach Schuldigen – und machten in ihrer Not alle möglichen Personen verantwortlich: von der Hebamme über den Arzt aus der Stadt bis zu dem Bauern, der sein Getreide günstiger verkauft hatte als alle anderen. Es konnte jeden treffen, niemand war gegen diese Vorwürfe gefeit.

Die Folgen waren grausam und reichten von der Vernichtung der Existenz bis zum Tod.

Natürlich wurden trotzdem nicht mehr Kinder geboren.

Kira schloss die Augen und versuchte, sich eine Welt ohne Menschen vorzustellen. Keine Häuser. Keine Autos. Keine Fabriken. Keine Straßen.

Und über allem eine nie gekannte Stille.

„Ich werde das Institut verlassen", sagte Ben.

Das überraschte Kira nicht. Ben war ein brillanter Wissenschaftler, er würde ein besseres Angebot bekommen haben, irgendwo auf der Welt. Doch er hatte gar nicht vor, weiter als Mikrobiologe zu arbeiten. Er wollte sich der Initiative *Aufräumen!* anschließen.

Vor einem Jahr hatte Kira zum ersten Mal von diesem Projekt gehört. Engagierte, meist junge Leute, hatten sich zusammengeschlossen, *um den Müll wegzuräumen,* wie es auf der Website der Initiative hieß. Der Mensch habe überall auf dem Planeten seine Spuren hinterlassen, stand dort, sie wollten dafür sorgen, dass wenigstens die gefährlichsten Altlasten beseitigt oder in ihrer schädlichen Wirkung zumindest gemildert würden. Angefangen von den Plastikdosen aus der Küche, dem Kinderspielzeug aus Kunststoff, dem Mischgewebe in der Kleidung über die Dämmstoffe in Gebäuden und Straßenbelägen bis hin zu ganzen

Fabriken, Tankstellen und Raffinerien … Im Grunde müsste jedes einzelne Stück künstlichen Materials aufgespürt und umweltverträglich entsorgt werden. Zusätzlich zu den Müllbergen, die schon jetzt die Erde und die Ozeane bedeckten. Kira bezweifelte, ob das überhaupt möglich war, doch sie bewunderte die Tatkraft der jungen Leute, auch wenn es ihr ein Rätsel war, wie sie diese ganzen Industrieanlagen zurückbauen wollten. Stellten die sich vor, sie könnten dort mit ein paar Vorschlaghämmern und Schaufeln anrücken, um sie einzureißen? So eine kleine Initiative war gewiss löblich und ein guter Ansatz, doch bei allem Idealismus hielt Kira es für naiv, zu glauben, dass sie viel erreichen würden.

Ihre Nichte machte ebenfalls mit, was Kira durchaus guthieß. Allerdings war Malou neunzehn Jahre alt und hatte gerade ihr Abitur gemacht; sie war kein hervorragend ausgebildeter Mikrobiologe wie Ben, der weit mehr bewegen könnte als anderen Leuten den Müll hinterherzuräumen.

„Wir dürfen unsere Kräfte nicht sinnlos vergeuden", sagte er. „Wir sollten uns damit abfinden, dass es mit den Menschen hier auf diesem Planeten zu Ende geht. Es liegt in unserer Verantwortung, die Erde in einem möglichst sauberen Zustand zu hinterlassen."

Kira starrte ihn an. Sie dachte an all die langen Nächte im Institut, in denen sie zusammen über das Virus gegrübelt hatten. Sie dachte an die gewaltige Aufgabe, die vor ihnen lag, und spürte Wut und Enttäuschung in sich aufsteigen. Ben wollte sich dem Schicksal ergeben und wagte es, dabei von *Verantwortung* zu sprechen?

„Du kannst nicht einfach alles hinwerfen!“, sagte sie. „Wer, wenn nicht wir, soll das Überleben der Menschheit sichern? Wir sind die Einzigen, die das Schlimmste verhindern können!“ Nie zuvor hatte sie diesen Gedanken laut ausgesprochen; nie zuvor hatte sie sich so winzig und zugleich so mächtig gefühlt. Ja, die Aufgabe war unfassbar gewaltig, und zugleich war sie sicher, dass sie eine Lösung finden würden. Eine andere Möglichkeit gab es nicht. Denn wenn sie es nicht schafften, ein wirksames Gegenmittel zu entwickeln, würden irgendwann die letzten Menschen geboren werden, und sechzig, siebzig Jahre später wären sie tot. Das wäre es dann gewesen mit dem Homo sapiens auf diesem Planeten.

Nein. Das wollte, das *konnte* sie nicht akzeptieren. Aufgeben war keine Option.

„Kira, du bist nicht für das Überleben der Menschheit verantwortlich. Du hast dein Bestes gegeben, aber du wirst es nicht schaffen.“

„Wie kannst du so etwas sagen! Wir stehen noch ganz am Anfang der Forschung.“

„Nein.“ Ben schüttelte den Kopf. „Es ist vorbei. Wir werden das Virus niemals entschlüsseln oder die Veränderungen in der DNA der Keimzellen rückgängig machen können. Und das weißt du auch."

Alles in Kira bäumte sich gegen diesen Gedanken auf. Nein, *nein!* Es war noch nicht zu spät, es gab noch so unendlich viele Ansätze, die sie verfolgen konnten, sie konnten, sie *mussten* es schaffen … Zugleich wusste sie, dass Ben recht hatte. Sie wussten einiges über das Virus, aber sie wussten längst noch nicht alles. Es war, als stünden sie vor einem riesigen Berg, den sie möglicherweise in seiner ganzen Größe erkennen konnten, dessen Details ihnen jedoch noch viele Jahre Rätsel aufgeben würden. Um den Berg wirklich kennenzulernen, müssten sie ihn aus eigener Kraft ersteigen, sich jede Spalte, jeden Vorsprung, jede Rinne genau ansehen, sie vermessen und kartieren. Wenn das Virus ein Berg wäre, dann stünden sie heute immer noch am Fuße des Steilhangs, würden nach oben starren und sich fragen, wie zum Teufel sie da bloß hochkommen sollten. Unmöglich war es nicht, dem Virus auf die Schliche zu kommen – wenn sie genug Zeit hätten und wenn es genügend kluge Köpfe gäbe, die daran mitarbeiten würden. Menschen wie Ben. Doch er wollte der Forschung den Rücken kehren, und Kira war klar, dass sie es ohne ihn nicht schaffen würden. Jedenfalls nicht an ihrem Institut.

„Du willst es also nicht einmal versuchen? Wie oft hat die Menschheit schon vor scheinbar unlösbaren Problemen gestanden und am Ende doch gewonnen? Wir haben die Pocken besiegt, machen große Fortschritte bei der Heilung von Krebs, wir können Wind und Sonne in Energie umwandeln und haben Maschinen erfunden, die den Menschen früherer Jahrhunderte wie Zauberei vorkommen müssen."

Ben sah sie an. „Und diese Entwicklung ist ohne Wenn und Aber gutzuheißen? Ist es wirklich vernünftig, das Virus aufzuhalten und den Menschen weitermachen zu lassen wie bisher? Gerade durch den ständigen Fortschritt zerstören die Menschen ihre eigene Lebensgrundlage und die aller anderen Lebensformen auf diesem Planeten gleich mit. Die Frage ist durchaus berechtigt, ob dem nicht besser Einhalt geboten werden sollte."

„Aber wir zerstören die Umwelt doch nicht mit Absicht! Wir haben das Problem erkannt, wir arbeiten längst daran, Lösungen zu finden."

„Und wie sehen diese Lösungen aus? In Afrika, wo wir nichts davon mitbekommen, verwandeln globale Konzerne bei der Förderung von Öl, Gold oder seltene Erden ganze Landstriche in Mondlandschaften, aber wir klopfen uns auf die Schulter, wenn wir den kleinen Bach vor unserer Haustür renaturieren. Je weniger die von uns verursachten Probleme uns persönlich betreffen, desto weniger bestimmen sie unser Handeln. Aber das mache ich den Menschen nicht einmal zum Vorwurf", sagte Ben. „Sie können einfach nicht anders, als stets im eigenen Interesse zu handeln und die Folgen ihres Tuns auszublenden. Das ist die Tragik der Allmende."

„Die was?", fragte Kira.

„Die Tragödie des Allgemeinguts. Stell dir vor, in einem Dorf gibt es einen Anger, auf dem alle Bauern ihre Schafe weiden lassen dürfen. Wer seine Schafe nicht dort fressen lässt, muss seinen eigenen Heuvorrat verfüttern. Wenn alle Bauern ihre Tiere jeden Tag auf dem Gemeindeland grasen lassen würden, würde es nach einiger Zeit versteppen. Zum Wohle aller wäre es also vernünftig, gegen die eigenen Interessen zu handeln und sein Vieh nicht jeden Tag dort grasen zu lassen, auch wenn das Gras dort noch saftig grün ist. Aber was passiert? Die meisten Bauern lassen ihre Schafe dort grasen, solange es geht, und sind damit den Besonnenen gegenüber im Vorteil, die ihre Vorräte anbrechen. Aber am Ende wächst auf dem Anger gar kein Gras mehr, und alle haben den Schaden. Welcher Bauer also handelt vernünftig? Derjenige, der sich so lange am Gemeindeland bedient, wie es geht, und erst später sein eigenes Heu verfüttern muss – oder der Bauer, der seine Schafe schon früh vom Dorfanger genommen hat, weil er die Versteppung kommen sah, und dem im Winter zuerst die Vorräte ausgehen?"

„Genau für diesen Zweck gibt es Gesetze", sagte Kira, „die regeln, wer wie lange seine Tiere auf dem gemeinsamen Land grasen lassen darf."

„Aber es wird immer Individuen und Institutionen geben, die die Macht haben, sich ungestraft über die Regeln hinwegzusetzen. Und was passiert in den Fällen, in denen keine Gesetze ein vernünftiges Verhalten vorschreiben oder es niemanden gibt, der die Einhaltung der Gesetze durchsetzen kann?“

„Wo gibt es heute auf diesem Planeten denn noch irgendetwas, das niemandem gehört? Jedes Bergwerk, jede Mine, jede Ölquelle gehört doch irgendjemandem, und diejenigen sind auch für die Schäden haftbar zu machen, die sie anrichten. Zumindest theoretisch.“

„Sehr theoretisch. Außerdem gibt es auch heute noch Ressourcen, die niemandem und damit zugleich allen gehören, und das sind vielleicht die wichtigsten überhaupt. Sauberes Trinkwasser; die Ozeane; saubere Luft.“

„Aber dagegen gibt es doch Widerstand, die Menschen wehren sich …“

„Gewiss. Kleine Gruppen, Einzelpersonen, manchmal auch größere NGOs. Sie erzielen vielleicht hin und wieder Erfolge, aber die allgemeine Entwicklung können sie nicht aufhalten. Viele Menschen sind wie Bauern, die sich auf dem kahlgefressenen Dorfanger vor dem letzten Grasbüschel auf den Boden legen und sagen: Wo ist das Problem? Ist doch alles grün hier.“

Kira musste an ein Gespräch mit Malou denken, das sie kurz nach der ersten Botschaft und der Entdeckung des Virus geführt hatten. *Ich bin ein guter Mensch,* hatte sie damals gesagt, und das glaubte sie noch immer. Sie bemühte sich, möglichst wenig Schaden anzurichten, aß wenig Fleisch, besaß kein Auto, mied überflüssigen Konsum.

Und doch war sie durch ihre bloße Existenz verantwortlich für den Tod anderer Lebewesen, für die Zerstörung dieses Planeten. Mit jedem Atemzug, den sie tat, mit jedem Schluck Wasser, den sie trank, mit jedem Stück Brot, das sie aß, hielt sie diese gewaltige Maschinerie am Laufen. Allein dadurch, dass sie in Mitteleuropa lebte, in einem Haus wohnte, in dem es im Winter warm war, dass sie die Straßen benutzte, dass sie Steuern zahlte, dass sie aß und sich ankleidete, trug sie ihren Anteil der Schuld an der Vernichtung. Sie konnte sich dem nicht entziehen.

Kira musste an diesen Witz denken, den sie in der letzten Zeit häufiger hörte und über den sie nicht mehr lachen konnte. *Treffen sich zwei Planeten. Sagt der eine: „Na, wie geht's?" „Nicht so gut", sagt der andere. „Ich habe Homo sapiens." Sagt der erste: „Keine Sorge, das hatte ich auch schon. Das geht vorbei."*

Glich der Mensch wirklich einem Virus, das seinen Wirt, diesen Planeten, zugrunde richtete? Kira hasste diesen Gedanken, auch wenn sie zugeben musste, dass es ein treffendes Bild war, aus Sicht des Planeten ganz gewiss. Binnen kürzester

Zeit – denn was waren schon zehntausend Jahre für einen Planeten? – hatte der Mensch die Erde bis in den letzten Winkel erobert und nahm sich, was er wollte. Ohne zu fragen, ohne dafür etwas im Tausch anzubieten. Wie ein Virus, das eine Zelle nach der anderen kapert und für seine Zwecke nutzt. Und jetzt zeigte der Patient erste Symptome: Fieber, Schüttelfrost, heftiges Schwitzen. Doch im Gegensatz zu einem Virus war der Mensch in der Lage, sein Verhalten zu reflektieren und zu ändern.

„Das klingt so hart, so kompromisslos: *Wir können nicht anders*", sagte Kira. „Außerdem ist es nicht wahr. Wir haben einen freien Willen; es ist *unsere* Entscheidung, wie wir uns verhalten, ob wir anderen Menschen Leid antun oder der Umwelt schaden …"

„Ach ja?", sagte Ben. „Die Neurowissenschaft hat nachgewiesen, dass mehrere Sekunden, bevor wir uns bewusst entscheiden, den Arm zu heben, diese Entscheidung bereits im Kernspin im Gehirn sichtbar ist. Wie weit ist es also her mit dem freien, bewussten Willen?"

„Der Mensch wird doch nicht allein von seiner Biologie bestimmt", sagte Kira. „Damit machst du es dir zu einfach. *Der Mensch ist schlecht, er kann einfach nicht anders.* Das ist falsch! Wir *könnten* anders."

„Und warum machen die Menschen es dann nicht anders, wenn sie es doch könnten?", sagte

Ben. „Heißt das, sie *wollen* diesen Planeten zerstören, sie *wollen* einander das Leben zur Hölle machen, sie *wollen* Leid zufügen und millionenfach den Tod bringen?"

„Nein", sagte Kira. „Nein, niemand will das."

Und trotzdem geschah es.

Am nächsten Tag zog es Kira in den Wald. Sie war immer noch aufgewühlt und fühlte sich von Ben verraten. Er hatte sich nicht umstimmen lassen, also würden sie ohne ihn versuchen müssen, das Virus zu besiegen. Und wenn schon! Er war zwar ein ausgezeichneter Mikrobiologe, einer der besten, die sie je getroffen hatte, aber unersetzbar war er nicht. Kira würde nicht aufgeben. Solange noch Hoffnung bestand, würde sie weiterkämpfen.

Sie nahm die U-Bahn und stieg an einer kleinen Station aus, deren Namen kaum jemand kannte. Nach wenigen Schritten war sie im Grünen. Sie atmete tief ein, hob den Kopf zum Blätterdach und fühlte sich im ersten Moment geborgen. Die Menschen waren ein Teil der Natur. Im Grunde waren sie auch nur Tiere, wie andere Lebewesen auf diesem Planeten auch. Sie hatten es nur vergessen.

Sie ging weiter. Ihre Füße federten auf dem weichen Waldboden, die Luft roch nach Harz und Humus. Es war warm, in den Sonnenstrahlen, die bis zum Boden reichen, tanzten Insekten, der Gesang der Vögel bildete eine beruhigende Kulisse.

Doch sobald Kira sich näherte, verstummten sie. Sie war ihr Feind, eine Gefahr, und die Vögel schwiegen, um sich nicht zu verraten. Kira blieb stehen.

Ich tue euch nichts. Ich will nichts von euch. Ich suche hier nur Trost.

Die Vögel schwiegen. Kira schaute sich um und sah die Spuren, die schwere Maschinen im Wald hinterlassen hatten. Baumstümpfe, tiefe Furchen im Waldboden, dort, wo Bäume gefällt und weggeschafft worden waren. In der Ferne hörte sie eine Motorsäge, auf einem Weg ganz in der Nähe stritten sich ein Mann und eine Frau.

Natur? Wie viel hatte dieser Wald noch mit Natur zu tun? Es war eine Plantage, aus der das Holz geerntet wurde, das die Menschen sich in die Städte holten, um natürlich wohnen zu können. Der Mensch gestattete den Vögeln, Insekten und Wildtieren gnädigerweise, seinen Wald zu nutzen, solange sie keinen Schaden anrichteten. Der Wolf, den sie als Sinnbild der Natur viele Jahre herbeigesehnt hatten, der im Wald Unterschlupf suchte und dann die Frechheit besaß, ihre Schafe zu reißen? Er war zum neuen Feindbild geworden, zum Beweis, dass der Mensch die Natur weiterhin zähmen musste, weil sie dem Homo sapiens immer noch nicht gehorchte. Obwohl dieser sich redlich Mühe gab.

Der Mensch legte der Natur Fesseln an, richtete sie nach seinen Bedürfnissen zu, vertrieb alle daraus, die sich ungefragt ihren Anteil nehmen wollten, den er ihnen nicht zugestand. Mit Erlaubnis seiner Götter hatte er sich die Erde untertan gemacht, er verfügte über sie, als sei es sein gutes Recht, er zerstörte und vergiftete sie. Seit Jahrhunderten sah der Mensch in der Natur einen Feind, den es zu bekämpfen und bezähmen galt. Der Mensch hatte sich von der Natur emanzipiert und leugnete, ein Teil von ihr zu sein.

Und jetzt spürst du diese Leere und die Kälte der Städte; du machst dich auf die Suche nach dem, was dir fehlt. Du gehst zur Natur und verlangst: Tröste mich! Ich bin doch auch dein Kind.

Das Schweigen der Vögel begleitete Kira auf ihrem Weg aus dem Wald. Wie eine unsichtbare Hülle aus Stille, ein stummer Vorwurf: Lasst uns in Ruhe!

Wir töten. Andere sterben und leiden für uns. Wir können nichts dagegen tun. Egal, wie sehr wir uns bemühen: Wir zerstören.

Ein Gefühl von Schuld lähmte sie.

VAVEDI

Vor einem Jahr wurde in meiner Stadt das letzte Kind geboren.

Ich habe neulich einen Ranger getroffen, einen echten. Er meinte, die Erde und die ganze Menschheit wären ein Experiment, das leider schief gegangen ist. Ich habe ihm die Fresse poliert.

Bei dem großen Feuer letzte Woche habe ich meine Familie verloren. Niemand hat uns gewarnt, niemand hat uns geholfen. Wozu soll ich noch weiterleben?

Ich möchte gerne als Eichhörnchen wiedergeboren werden.

Wenn ihr so viel schlauer seid als wir und uns schon so lange beobachtet - warum müsst ihr uns dann ausrotten? Gibt es denn keine andere Lösung?

Eure Ausrottung war nie geplant, zumal der Homo capitalis ohnehin eines Tages ausgestorben wäre - wie 99% aller Arten, die je auf diesem Planeten existierten.

Doch mit eurem Vordringen ins Weltall wächst die Gefahr, dass sich eure todbringenden Gene verbreiten. Wir können eure DNA nicht kontrollieren oder modifizieren. Alles von euch, das ins Weltall gelangt, muss dekontaminiert werden. Eine gewaltige Quarantänezone umgibt die Erde. Nichts, was ihr erschaffen habt, darf diese Zone verlassen. Alles wird abgefangen und vernichtet.

Ich glaube nicht, dass es diese Ranger gibt. Das ist doch alles ein gewaltiger Schwindel.

Mir gefällt die Vorstellung, dass in ein paar Jahren alles vorbei ist. Der Erde wird es ohne uns definitiv besser gehen.

Ich liebe Madhukar, aber das muss ein Geheimnis bleiben.

Ich bitte euch, mir ein Kind zu schenken. Mein Mann wünscht sich so sehr einen Sohn. Wer soll sonst unseren Hof weiterführen? Wer soll für uns sorgen, wenn wir alt sind?

Ihr schickt Sonden aus, die die Planeten erforschen sollen, und glaubt, die Voyager I habe dieses Sonnensystem im Jahr 2012 verlassen.
Wir haben sie wenige Wochen nach dem Start abgefangen und vernichtet. Die Daten, von denen ihr glaubt, sie stammten von der Voyager und den anderen Sonden, bekommt ihr von uns. Die Informationen entsprechen der Wahrheit, wir gaukeln euch keine Fantasiewelt vor. Wir lassen euch lediglich in dem Glauben, ihr wärt allein.

Schließt euch der Initiative Aufräumen! *an! Helft alle mit! Was macht ihr Ranger eigentlich, wenn es keine gefährlichen Menschen mehr gibt? Verschwindet ihr dann oder bleibt ihr hier?*

Wir Ranger auf der Erde beobachten euch nur. Unsere Erkenntnisse geben wir weiter zu unserer Basis auf dem Mars. Dieser Planet liegt außerhalb der Quarantänezone, und wir mussten um jeden Preis verhindern, dass ihr Menschen dorthin schickt. Eure DNA darf sich nicht ausbreiten. Früher oder später würde sie in die DNA eines anderen Lebewesens eingebaut werden.
Nicht heute. Nicht morgen. Aber in einer Zukunft, die so fern ist, dass ihr keinen Begriff davon habt. Und dann würde sie ihr Werk der Vernichtung fortsetzen.

Die wollen uns doch nur alle versklaven! Glaubt diesen Schwachsinn nicht!

Meine letzte Ziege ist heute verendet.

Ich schaffe meine Rechenaufgabe nicht. Kann mir jemand helfen? Wieviel ist 5 plus 18 plus 4 geteilt durch 3? Ich gehe in die zweite Klasse.

Der Hohe Rat konnte nur zu einem einzigen Schluss kommen.
Die Menschheit muss ausgelöscht werden.
Ihr müsst verstehen, dass es keine Strafe ist. Wir wollen euch nicht quälen oder euch unnötiges Leid bereiten. Doch ein Arzt muss immer das Wohl des Patienten im Sinn haben. Und der Patient ist euer Planet, nicht der Mensch.

Die Schneeglöckchen und Krokusse blühen dieses Jahr drei Wochen früher als sonst.
Hab mir heute einen neuen Jeep gekauft, Luxusausstattung. Wieso auch nicht, wenn eh alles den Bach runtergeht?

Als ich sieben war, habe ich eine Fensterscheibe eingeworfen. Niemand wusste, dass ich es war, aber Amin aus dem Nebenhaus ist dafür bestraft worden. Bitte verzeih mir!

Euer Verschwinden ist die einzige Möglichkeit, diesen Patienten zu retten, und zu verhindern, dass die Ansteckung sich ausbreitet.

TALBERT

„Du siehst gut aus“, sagte er.

„Danke.“

Seine Tochter war zu einer hübschen jungen Frau herangewachsen. Mit ihren vierundzwanzig Jahren sah sie ihrer Mutter ähnlich, nur dieser feste Zug um den Mund fehlte bei Elena völlig. Oder zumindest bei der Elena, an die Talbert sich erinnerte. Er hatte sie seit Jahren nicht mehr gesehen.

Als er ihr auf dem Bahnhofsvorplatz die Autotür aufhielt, verzog Malou das Gesicht. Hatte sie etwa erwartet, sie würden jetzt eine Stunde mit der Straßenbahn zu ihm nach Hause fahren? Oder gar zu Fuß laufen? Das konnte sie sich abschminken.

„Du hast noch ein Auto? Und dann noch einen Verbrenner?“

„Ich bin Autobauer. Das weißt du doch.“

„Es werden doch überhaupt keine Autos mehr gekauft.“

„Und womit fahren die Feuerwehr, die Polizei, die Rettungswagen? Mit Pferdekutschen?“

Na super. Sie war noch keine fünf Minuten hier, und schon stritten sie sich.

Vorsichtig startete er den Wagen. Er fuhr noch sein altes BMW Coupé – ein Luxus, den er sich immer noch gönnte, trotz des teuren Sprits. Doch allmählich dämmerte es ihm, dass das Geld heute schlecht investiert war. Malous kaltes Schweigen versprach ein paar anstrengende Stunden.

Und dann die Blicke der Menschen auf der Straße! Es waren eigentlich nur noch E-Autos unterwegs, und selbst deren Anzahl war überschaubar. E-Autos verbrauchten Strom, und der musste schließlich auch irgendwie produziert und gespeichert werden. Aber ohne die Rohstoffe und Bauteile aus China, Russland und weiten Teilen Afrikas gab es auch keine Photovoltaik und keine Batterien, jedenfalls nicht zu vernünftigen Preisen. Mit dem Ergebnis, dass es immer weniger Autos auf den Straßen gab und sich die Leute stattdessen in die hoffnungslos überfüllten Busse und Bahnen quetschten. Vielen Dank, darauf konnte er gut verzichten.

Ab und zu fing er ein beifälliges Nicken auf, wenn ein Kenner seinen gutgepflegten Wagen betrachtete, doch die meisten sahen ihn an, als würde er am helllichten Tag betrunken über die Straße torkeln. Verboten war das Autofahren nicht, aber wer etwas auf sich hielt, hatte seinen

Wagen, egal ob Verbrenner oder E, längst verkauft. Autofahrer waren die neuen Hexen, vogelfrei und zum Abschuss freigegeben. Als wären sie allein verantwortlich dafür, dass der Meeresspiegel so angestiegen war, dass Hamburg regelmäßig absoff, und die Sommer so heiß waren, dass man glaubte, man sei in der Wüste.

Er merkte, wie Malou sich zusammenriss.

„Davon wird die Welt schon nicht untergehen", sagte er.

Malou sah ihn an, als wären ihm zwei Hörner gewachsen. „Du leugnest die Realität."

„Nein, das tue ich nicht. Aber du tust so, als sei alles schlecht, was wir Menschen je getan oder erschaffen haben."

„Ist es das nicht?"

„Nein. Wir sind Erfinder und Tüftler. Wir haben Lösungen für Probleme entwickelt, die lange Zeit als unlösbar galten. Bis jemand eines Tages sagte: Ich hab's. Wir haben Krankheiten besiegt. Wir haben Geräte und Maschinen gebaut, die das Leben von Millionen Menschen erleichtern oder retten. Ohne diesen Fortschritt würden wir heute noch in Höhlen hausen. Wäre dir das lieber?"

„Für diesen Planeten wäre es auf jeden Fall besser gewesen", sagte sie. „Und letztlich auch für uns, weil es dann niemals nötig geworden wäre, uns zu vernichten."

„Niemand will uns vernichten", sagte er. „Das Virus ist durch natürliche Mutation entstanden."

„Und den Klimawandel gibt es auch nicht“, sagte sie.

„Natürlich gibt es den. Aber ob er wirklich *nur* menschengemacht ist?“

Sie waren bei seiner Wohnung angekommen, Malou wandte sich ab und öffnete die Beifahrertür. Er wollte nicht mit ihr streiten, aber er kam nicht dagegen an: Wenn er sah, wie verblendet sie war, wie sehr sie sich hineinsteigerte in dieses Gefasel von der destruktiven Natur des Menschen, dann konnte er seinen Mund einfach nicht halten. Homo capitalis – wer sich diesen Namen ausgedacht hatte, gehörte gevierteilt und erschlagen. Mit einem Wort wurde alles zunichtegemacht, was die Menschheit je geleistet hatte. Jede technische Entwicklung, jede politische und soziale Errungenschaft wurde damit beiseitegewischt, als sei sie nichts wert. Früher, als unsere Vorfahren sich in Höhlen vor dem Säbelzahntiger versteckten und Mammuts jagten, herrschte der, der die dickste Keule hatte. Wer sich nicht anpasste, konnte einpacken. Wer aufmuckte, bekam eins über den Schädel, und fertig war man damit. Heute lebten die Menschen in einer Demokratie, zumindest hier in Europa und noch einigen anderen Ländern auf der Welt. Wenn es Streit gab, dann redete man miteinander, anstatt sich zu prügeln. Man hörte sich an, was der andere zu sagen hatte, anstatt ihn umzubringen. Zählte das denn gar nichts? Heute kamen weniger Menschen durch Gewalt und Kriege zu Tode als je zuvor, obwohl so viele Menschen auf der Erde lebten wie noch nie. Die Menschen starben nicht mehr so häufig an Krankheiten und wurden uralt, und es lebten mehr Menschen in Frieden und Wohlstand als zu jeder anderen Zeit, seit es Menschen gab. Es wurde nicht alles immer schlimmer. Im Gegenteil.

„Sag das mal den Insekten“, sagte sie. „Oder den Eisbären. Den Walen.“

„Ich habe nie einen Eisbären getötet. Auch nie einen Wal erlegt. Und ich weigere mich, mir dafür die Schuld in die Schuhe schieben zu lassen.“

„Trotzdem ist dieser Planet am Ende. Und niemand will es gewesen sein.“

„Weil du niemanden persönlich dafür verantwortlich machen kannst. Du brauchst gar nicht so vielsagend mein Auto anzuschauen. Dieses eine Auto hat keinen einzigen Eisbären umgebracht. Und es würde auch keiner gerettet werden, wenn ich nicht damit fahren würde.“

„Genau das ist das Problem“, sagte sie. „Kein Mensch will das Schlechte, und doch ist das Ergebnis unseres Tuns verheerend.“

Zum ersten Mal machte Malou bei ihrem Besuch keine Bemerkung über seine zu große Wohnung. In Deutschland lebten heute rund fünfzehn Millionen Menschen weniger als vor zehn Jahren, als es losging mit diesem Virus und dieser Alienhysterie. Die Wohnungsnot hatte sich quasi in Luft aufgelöst, jeder hatte ein Dach über dem Kopf, und das zu Preisen, von denen man früher nur träumen konnte. Der Immobilienmarkt war komplett zusammengebrochen, wobei Talbert noch Glück gehabt hatte. Die Mieter seiner beiden Eigentumswohnungen waren ihm treu geblieben, nachdem er ihnen bei der Miete entgegengekommen war.

Als sie einen Kaffee tranken – der pure Luxus, für den Preis einer Tasse hätte er früher mit Malou essen gehen können – fragte er sie, ob sie eigentlich bedauere, dass sie wohl keine Kinder bekommen würde. Er wusste noch, wie sehr die Nachricht, dass sie unfruchtbar war, sie getroffen hatte.

„Nein", sagte Malou. „Es ist besser so. Für den Planeten und für die Kinder."

Er selbst hatte auch nie Kinder gewollt, wenn auch aus anderen Gründen: Er dachte, er würde ein grottenschlechter Vater werden, und vielleicht war er das auch. Malou war noch sehr klein gewesen, als ihre Mutter mit ihr zurück in den Norden gezogen war. Danach hatte er sie kaum gesehen und nur wenig von ihr mitbekommen. Erst, als sie älter und selbständiger wurde, hatte sich das geändert. Es war wie ein Blick in eine andere Welt, die ihm sonst verschlossen geblieben wäre. Er kannte keine anderen jungen Frauen in ihrem Alter; auch die Praktikanten, Azubis und Werkstudenten bei der Arbeit waren hauptsächlich Jungs. Oder besser, waren Jungs gewesen – die Stellen in seiner Abteilung waren so zusammengestrichen worden, dass er von Glück reden konnte, noch nicht auf der Straße zu sitzen. Es war so, wie Malou sagte: Es wurden keine Autos mehr verkauft, jedenfalls nicht für die private Nutzung.

„Hast du dir eigentlich endlich überlegt, was du einmal werden willst?", fragte er und versuchte, nicht vorwurfsvoll zu klingen. Malou hatte sich bald nach dem Abitur dieser Initiative *Aufräumen!* angeschlossen – was für die erste Zeit nach der Schule durchaus sinnvoll sein konnte. Sich orientieren, Erfahrungen sammeln, sich ausprobieren, um herauszufinden, wohin man im Leben wollte – das machten viele junge Leute. Doch jetzt war sie immer noch dabei, und Talbert machte sich allmählich Sorgen.

„Wieso? Ich bin doch was", sagte Malou. Sie wusste schon, was jetzt kam, und tatsächlich konnte er sich die Frage nicht verkneifen. Dazu war er zu sehr Vater und zu wenig unbeteiligter Beobachter.

„Du weißt, was ich meine. Wann willst du endlich etwas Richtiges lernen?"

„Ich lerne doch etwas Richtiges, jeden Tag." Ihr Blick wurde fast mitleidig. „Nur, weil ich keinen Zettel habe, auf dem steht, was ich angeblich kann und was nicht, heißt es nicht, dass ich nichts kann. Und schon gar nicht, dass ich nichts *bin.*"

Natürlich stimmte das, irgendwie, auch wenn er nicht wusste, worin ihre Arbeit eigentlich genau bestand. Jetzt zum Beispiel war sie unterwegs zu einer Konferenz der Aufräumer in Italien, die sie mit organisiert hatte, aber sie hatte auch schon von Einsätzen in Dörfern erzählt, die sie bis auf ein paar Ruinen komplett leergeräumt hatten. Diese kleine Initiative hatte sich ziemlich gemausert, inzwischen war es ein Zusammenschluss aus allem möglichen Verbänden und Gruppierungen, Greenpeace, BUND und was es da noch so gab. Talbert hatte sich nie richtig dafür interessiert, da er davon ausgegangen war, dass Malou irgendwann dort aufhören und etwas Vernünftiges mit ihrem Leben anfangen würde. Er hatte in ihrem Engagement immer einen Ausdruck ihres naiven Idealismus gesehen, weniger eine Möglichkeit, ihren Lebensunterhalt zu bestreiten. Wie viel würde dieser Haufen schon zahlen können? Große Sprünge würde sie davon garantiert nicht machen können. Aber anscheinend kam sie ganz gut zurecht, jedenfalls hatte sie ihn noch nie um Geld angebettelt; daran schien es ihr also nicht zu mangeln. Vielleicht sollte er sich damit abfinden, dass seine Tochter einen anderen Lebensweg wählte, als er es sich für sie gewünscht hätte.

„Aber warum machst du nicht bei uns mit?", fragte sie, und Talbert glaubte, sich verhört zu haben. Schlug sie ihm allen Ernstes vor, bei diesen verbohrten Idealisten mitzumachen? Womöglich noch für einen Hungerlohn? Was für eine absurde Idee!

„Wir brauchen Leute wie dich“, fuhr sie fort. „Leute mit technischem Sachverstand, die wissen, was in dem ganzen Schrott verbaut ist und wie man ihn am besten entsorgt.“

„Damit kenne ich mich nicht so aus“, sagte er ausweichend. „Ich bin für die Entwicklung von Neuem zuständig, nicht für die Verschrottung.“

Wenn es nach ihm ginge, könnten sich die Leute die Mühe ohnehin sparen. Wen kratzte es denn, ob in ein paar hundert Jahren noch irgendwelche menschgemachten Überbleibsel in der Gegend herumstanden? Die Natur würde sich schon irgendwie damit arrangieren, das tat sie doch immer. Und falls es diese Aliens tatsächlich gab – *falls,* denn er glaubte immer noch nicht an diesen Unfug – dann sollten die doch eine Putzkolonne runterschicken. Die hatten ihnen das alles doch auch eingebrockt. Aber das alles sagte er natürlich nicht laut, er wollte sich nicht schon wieder mit seiner Tochter streiten.

Wider Erwarten wurden es zwei schöne Tage mit ihr. Er hatte sich freigenommen, und sie genossen das milde Wetter. Die Biergärten hatten geöffnet, mitten im Januar, und die Menschen saßen im T-Shirt draußen in der Sonne. Manchmal vermisste er den Schnee und das Skifahren, doch die Gletscher in den Alpen waren endgültig Geschichte, und Reisen in weiter entfernt liegende Skigebiete waren unerschwinglich geworden.

Dafür hatte er ein paar gute Restaurants ausgesucht. Am ersten Abend gingen sie in ein Lokal mit persönlicher Bedienung. War natürlich teurer als die Läden mit Servicerobotern oder Selbstbedienung, aber es gab einfach keine Leute mehr für den Job, jedenfalls nicht zu den Löhnen, die früher mal üblich gewesen waren. Für Talbert jedoch gehörte es dazu, wenn er schick essen ging, und er wollte seiner Tochter etwas bieten. Ein wenig Luxus musste einfach sein, und es machte ihm Spaß, eine schöne junge Frau auszuführen.

Als er sich Fleisch bestellte, riss Malou sich zusammen, dafür sagte er nichts, als sie sich ein Gericht aus Linsen und Algen bestellte. Algen! Die zupfte man sich beim Schwimmen im Meer von der Badehose, aber die aß man doch nicht! Aber wenigstens war es billiger als sein Fleisch. Seit der globale Futtermittelmarkt zusammengebrochen war und es de facto keine Massentierhaltung mehr gab, waren die Preise für ein einfaches Steak in die Höhe geschossen. Zugegeben, das Fleisch schmeckte jetzt auch besser, und er selbst konnte es sich auch problemlos leisten – aber was machten die Leute, denen es nicht so rosig ging? Diese Algen jedenfalls würde er nicht mal runterkriegen, wenn er am Verhungern wäre.

Malou und er hatten stillschweigend eine Art Waffenruhe geschlossen und mieden die heiklen Themen, was ihm ganz recht war. Er wollte die Zeit mit Malou genießen und sich keine Vorwürfe anhören müssen. Er verstand nicht, was sie und all die anderen Schwarzmaler davon hatten, ständig vom Ende der Menschheit zu reden. Okay, auf der ganzen Welt wurden kaum noch Kinder geboren, das war schon krass und ließ sich auch nicht wegdiskutieren. Aber ganz ehrlich: Diese acht Milliarden Menschen, die es mal auf der Erde gegeben hatte, waren einfach auch ein paar Milliarden zu viel. Eine Fastenkur tat diesem Planeten wirklich ganz gut. Aber das Ende der Menschheit? Talbert würde wetten, dass irgendwer am Ende doch noch ein Medikament gegen die Unfruchtbarkeit fand. Vielleicht gab es auch genügend Menschen, die gegen das Virus immun waren, und es bildeten sich irgendwo Gemeinschaften, wo diese Menschen überlebten. Für alle Fälle gab es auch noch die Millionen gefrorenen Eizellen und Samenspenden, die in den Samenbanken überall auf der Welt lagerten, gut gesichert in Hochsicherheitstrakten, rund um die Uhr bewacht. Die eiserne Reserve, für den Ernstfall. Er fragte sich zwar, wie ernst der Fall denn noch werden musste, aber trotzdem: Er glaubte nicht an das Ende der Menschheit. Dazu waren die Menschen zu schlau, zu einfallsreich, zu zäh. Sie hatten Seuchen, Eiszeiten und Vulkanausbrüche überlebt, siedelten in der Wüste und im ewigen Eis, sie hatten die Pyramiden gebaut und waren zum Mond geflogen. Und jetzt sollte so ein winziges Virus ihnen den Garaus machen?

Wie hatte seine Mutter immer gesagt? *Unkraut vergeht nicht.* Irgendwann würde ein kluger Kopf eine Lösung finden, und es würden wieder Kinder geboren werden. Talbert hatte gehört, dass es bereits Versuche gab, Menschen künstlich herzustellen. Er hatte zwar keine Ahnung, wie genau das funktionieren sollte, aber er konnte sich gut vorstellen, dass die Medizin von heute dazu in der Lage war. Ein, zwei Jahre weiter, dann würde die Welt wieder anders aussehen, ganz bestimmt.

Es würden genügend Menschen überleben, da war er sich sicher. Dass sein Zweig am großen Stammbaum der Menschheit mit Malou absterben würde, konnte er verkraften. Er hatte es nicht so mit der Romantik und hielt seinen Samen nicht für so einzigartig, dass er damit die ganze Welt beglücken müsste. Dieser Unsinn, dass etwas von ihm in seinem Kind weiterleben würde, hatte ihn nie sonderlich interessiert. Klar, biologisch gesehen mochte es stimmen – aber er war doch wohl mehr als seine Gene, und Malou war mehr als eine Mischung aus ihm und Elena. Oder würde er das anders sehen, wenn er mehr Zeit mit Malou gehabt hätte; wenn er sie hätte aufwachsen sehen und ihr Verhältnis enger wäre?

Verstohlen musterte er seine Tochter. Sah sie ihm eigentlich ähnlich? Diese Augenbrauen, hatte sie die nicht von ihm? Oder die Art, wie sie den Mund verzog, als könnte sie über so viel Dummheit nur den Kopf schütteln?

Sie saßen in dem Park in der Nähe seiner Wohnung auf einer Bank. Die Sonne schien, es war angenehm warm, und auf dem Spielplatz vor ihnen spielte ein kleines Kind. Das Mädchen mochte vielleicht drei Jahre alt sein und kletterte auf die Rutsche, die aussah, als sei sie seit Jahren nicht mehr benutzt worden. Die Eltern standen ängstlich daneben, die Hände halb erhoben, bereit, ihr Kind jeder Zeit aufzufangen und vor den Gefahren des Spielens zu retten. Es war das einzige Kind weit und breit. Nicht nur Talbert und Malou beobachteten es – jeder Spaziergänger schien stehenzubleiben und dieses Kind zu bestaunen. Als das Kind einmal glucksend lachte – ein Geräusch, das so fremd, so verloren klang, dass er fast glaubte, sich zu irren –, meinte Talbert irgendwo ein unterdrücktes Schluchzen zu hören.

„Vor sieben Monaten wurde in diesem Land das letzte Kind geboren", sagte Malou leise. „Eines von zweiundsiebzig im letzten Jahr."

„Die Ärmsten! Sie werden vermutlich ziemlich lange die Kleinen bleiben. Alle anderen sind älter als sie und werden ihnen immer sagen, wo es lang geht."

Malou sah ihn an, mit diesem hochgezogenen Mundwinkel, den er nur zu gut kannte und den sie möglicherweise von ihm hatte.

„So war es doch schon immer", sagte sie. „Die Welt hat immer auf die Alten gehört – und wohin hat es uns gebracht?"

„Du glaubst also, die Menschheit sollte lieber auf die Jungen hören? Ich soll mir von Leuten, die keinerlei Erfahrung, aber tausend Flausen im Kopf haben, vorschreiben lassen, was ich zu tun und zu lassen habe?"

Malou schaute zu der Familie mit dem kleinen Mädchen, das jetzt selbstvergessen im Sand spielte. „Alle müssen gehört werden. Die Alten und die Jungen, die Lauten und die Leisen, Frauen, Männer, Kinder, die Dummen und die Klugen ..."

„Wie bitte?", sagte er. „Du willst auf die Dummen hören? Na, vielen Dank auch!"

Malou musterte ihn mit merkwürdigem Blick. „Stimmt. Die, die sich für klug halten, haben ihre Sache ja auch ganz wunderbar gemacht."

MALOU

Als ich heute Morgen aufstehe, ist Jonas noch nicht in der Küche. Das ist ungewöhnlich, aber in den letzten Tagen hatte ich oft den Eindruck, er würde sich zurückziehen. Wie ein verwundetes Tier.

Sein Anblick erinnert mich an meine Mutter, die mit dreiundfünfzig Jahren an Krebs starb. Auch sie wurde immer weniger, immer schwächer, bis sie eines Tages einfach einschlief und nicht wieder aufwachte. Davor hatte sie allerdings eine Odyssee hinter sich, suchte unzählige Ärzte auf, war im Krankenhaus, ließ Untersuchungen über sich ergehen, bekam Medikamente, die sie noch weiter schwächten, anstatt ihr zu helfen. Sie wollte nicht gehen, klammerte sich an das Leben, redete sich bis zum Ende ein, sie würde eines Tages wieder gesund werden. Wenn ich an das Sterben meiner Mutter denke, habe ich wieder diesen beißenden Krankenhausgeruch in der

Nase, sehe sie in ihrem Krankenbett, höre die medizinischen Fachbegriffe, die erklären und zugleich verschleiern sollen, dass da ein Mensch stirbt und niemand etwas dagegen tun kann.

Ich klopfe leise an die Tür zu seinem Zimmer.

Er liegt im Bett und sieht blass und alt aus. Er ist alt, älter als ich, und ich bin schon achtzig Jahre alt. Oder doch erst neunundsiebzig? Ich müsste nachsehen. Mit den Jahren verschwimmen die Zeit und die Erinnerungen. Wie lässt sich die Zeit einfangen und messen, wenn es keine Ereignisse mehr gibt, die mit einer festen Jahreszahl verbunden sind? Ich erinnere mich, dass früher das Datum immer präsent war, der Tag, der Monat, das Jahr: Alle wusste stets, wo in der Zeit sie sich befanden. Es nicht zu wissen, galt als Krankheitssymptom, diejenigen galten als verwirrt. Aus der Zeit gefallen.

Heute gibt es wenig, was mir verrät, welchen Tag oder welches Jahr wir haben. Aber das ist auch nicht wichtig. Wichtig sind nur noch die Jahreszeiten. Wann muss ich die Kartoffeln pflanzen, wann muss ich die Möhren aussähen oder sind die Äpfel reif zur Ernte? Aber das sagt mir kein Kalender, sondern ein Blick auf die Sonne und die Pflanzen. Ich erinnere mich, dass es früher so etwas wie Sonntage gab, einen Wochenanfang, ein Wochenende, dazu den einen oder anderen Feiertag. In der ersten Zeit haben wir in der Enklave diese Tradition noch beibehalten, doch nach und nach begannen die klaren Grenzen, was welcher Tag zu bedeuten hatte, zu verschwimmen. Unser Tagesablauf richtete sich nach den Aufgaben, die zu erledigen waren, nicht nach alten Regeln, die für uns keinen Sinn mehr ergaben.

Als Jonas mich sieht, lächelt er matt.

„Was ist los?“, frage ich.

„Ich fühle mich nicht gut“, sagt er.

„Hast du Schmerzen?“

„Nein“, sagt er. Mein Blick fällt auf eine kleine Dose auf seinem Nachttisch. Er muss sich Tabletten aus dem Magazin geholt haben; zu unseren Vorräten gehören auch Medikamente, von denen wir immer noch mehr als genug haben.

„Ich bringe dir einen Tee“, sage ich. „Und etwas zu essen.“

Er nickt stumm, dann dreht er den Kopf zum Fenster und schaut hinaus.

In der Küche denke ich, dass er nur meinetwegen eingewilligt hat. Und dass es heute vielleicht so weit ist.

Jonas und ich haben schon früh über den Tod gesprochen. Im Grunde hatten wir unser ganzes Leben lang kaum ein anderes Thema: Wie lässt sich das Sterben der Menschen am besten organisieren, im Großen wie im Kleinen?

Wir lernten uns beim Aufräumen kennen. Zusammen mit Tausenden anderen Menschen versuchten wir, die Müllberge, die wir hinterlassen, so klein wie möglich halten. In den ersten Jahren wurden viele von uns von einem offenen oder unterschwelligen Zorn angetrieben; wir waren aus Überzeugung dabei, weil wir etwas Gutes bewirken wollten, vielleicht auch, weil wir eine Schuld abtragen wollten, die wir auf uns geladen hatten. Am Ende machten die Menschen mit, weil es eine der wenigen Möglichkeiten war, Geld zu verdienen, und später, als das Geld seine magische Kraft verloren hatte, an Nahrung zu kommen.

Auch Jonas war aus Überzeugung dabei, aber er war weit davon entfernt, sich für irgendetwas schuldig zu fühlen. Er war Ingenieur, wie mein Vater, weshalb ich ihm anfangs mit Misstrauen begegnete. Aber er war ganz anders als mein Vater. Er nutzte sein Wissen nicht, um noch mehr Dinge zu erfinden, die kein Mensch brauchte, sondern um das auseinanderzubauen, was er beim Aufräumen vorfand. Er kannte sich mit den Werkstoffen aus, wusste, was wir unbedingt entsorgen mussten und was wir getrost sich selbst überlassen konnten. Wenn eine neue Industrieanlage, eine Fabrik oder auch nur ein leerstehendes Bürogebäude gesäubert werden musste, streifte er manchmal tagelang über das Areal und erstellte genaue Pläne für den Rückbau. Er war ein Arbeitstier und packte häufig selbst mit an. Das Aufräumen machte ihm Spaß, das sah man ihm an, und es motivierte andere. Er empfand keinen Zorn, weder auf die Ranger noch auf die Generationen vor uns, sondern sah die ganze Angelegenheit mit Humor. *Shit happens*. War wohl nichts mit der Krone der Schöpfung.

Der Mensch sei eine absolute Fehlkonstruktion, die sich selbst viel zu wichtig nehme, sagte er oft. Eine Sackgasse der Evolution. Wir sollten froh sein, dass es bald vorbei sei.

Anfangs war die Vorstellung, dass es in wenigen Jahrzehnten tatsächlich keine Menschen mehr auf der Erde geben würde, so unglaublich abstrakt, so weit weg von dem, was wir tagtäglich auf der Straße erlebten und in den Nachrichten sahen, dass es mir schwerfiel, einen Bezug zu mir und meinem kleinen Leben herzustellen. Es gab keinen großen Knall, keinen Krieg, keinen Tsunami, keinen Hurrikan. Keinen Tag X, von dem die Menschen später sagen konnten: Ab da war alles anders. Gewiss, es gab den Tag, an dem die Botschaft auftauchte, aber eine Botschaft allein verändert noch nichts.

Die Verwandlung kam langsam und schleichend.

Wir wurden einfach immer weniger.

Irgendwann wurden keine Kinder mehr geboren, und die Alten starben nach und nach. Diejenigen, die in den ersten fünf, zehn Jahren nach der Botschaft starben, konnten ihr Leben fast wie geplant zu Ende leben. Die Infrastruktur funktionierte im Großen und Ganzen noch, man konnte fast alles kaufen, wenn auch einiges merklich teurer wurde. Das Leben ging seinen gewohnten

Gang. Mein Vater gehörte zu denen, die nicht einsehen wollten, dass der Mensch als Spezies tatsächlich ausstarb. Bis zum Schluss glaubte er daran, dass die Menschen schon eine Lösung finden würden, sein Vertrauen in den Erfindungsgeist und die Intelligenz der Menschen war ungebrochen. Für ihn waren auch die Ranger nichts als ein Hirngespinst. Oder die Vorstellung, dass sie das Virus erschaffen hatten. Er hielt Usutu-2 bis zum Ende für eine natürliche Mutation.

Am Anfang waren es nur wenige, die ohne Wenn und Aber an das Ende der Menschheit glaubten. Die Mehrheit lachte lange Zeit über uns – solange sie sich einreden konnte, es sei alles halb so wild und nichts werde so heiß gegessen, wie es gekocht wird. Später, als sie allmählich zur Minderheit wurden, als sich nicht mehr leugnen ließ, dass es in naher Zukunft keine Menschen mehr geben würde, wurden sie trotzig wie Kinder, denen man ihr Lieblingsspielzeug weggenommen hatte. Oder sie versanken in Scham und Selbstmitleid, wie Kira eine Zeitlang.

„Das Gefühl von Schuld lässt mich nicht los", sagte sie einmal.

Trotzdem arbeitete sie bis zur Schließung ihres Instituts an der Erforschung des Virus und seiner Wirkung auf den menschlichen Körper, getrieben von der Hoffnung, die vom Virus verursachte Unfruchtbarkeit rückgängig machen zu können. Je mehr Zeit verstrich, je mehr ihrer Mitarbeiter aufgaben und sich einen anderen Job suchten und nicht ersetzt wurden, desto verbissener wurde sie. Selbst, als sie längst nicht mehr glaubte, dass sie es rechtzeitig schaffen würden, machte sie weiter.

„Ich kann nicht aufhören“, sagte sie, „obwohl ich weiß, dass es sinnlos ist. Nur wenn ich weitermache, kann ich vergessen, wohin die Menschheit steuert.“

Anders als Jonas fiel es mir schwer, meinen Zorn auf die Generationen vor uns zu zügeln. Viele Jahre empfand ich diese Kluft: auf der einen Seite die Alten, die zeit ihres Lebens mitgetan hatten an der Zerstörung und Vernichtung des Planeten, und auf der anderen wir Jüngeren, die wir immer wussten, dass wir die Letzten sein würden. Wir hatten nie die Gelegenheit, zu beweisen, dass wir es anders gemacht hätten.

Hätten wir es anders gemacht? Oder wären wir ebenso gescheitert wie die Generationen vor uns? Hätte sich die Kluft mit den Jahren geschlossen und sich eine neue aufgetan, nach uns, zu den nächsten Jungen? Vielleicht war diese Kluft immer da, vielleicht hat jede Generation sie gespürt, wenn sie merkte: Die Alten bestimmen über unsere Zukunft, als würde sie ihnen gehören. Doch früher wurden die Jungen selbst eines Tages die Alten, sie wechselten die Seiten, starrten über den Abgrund auf die nachfolgenden Generationen, die ihnen dasselbe vorwarfen, was sie einst ihren

Eltern und Großeltern vorgeworfen hatten: Was habt ihr euch dabei gedacht? Ihr habt es doch gewusst! Ihr habt es gesehen! Und trotzdem habt ihr es nicht verhindert!

Wir sind die Zeugen unseres Aussterbens. Wir waren immer die Letzten. Immer die Jüngsten. Diejenigen, nach denen niemand mehr kommt. Es gibt niemanden, der für unsere Rente arbeitet. Niemanden, der uns pflegt, wenn wir alt und hinfällig werden. Niemanden, dem wir diese Erde hinterlassen. Aber auch niemanden, der uns Vorwürfe machen könnte.

Früher machte mir der Gedanke Angst. Die Vorstellung, dass ich irgendwann ganz allein, vollkommen und endgültig ohne einen anderen Menschen sein könnte, bedrückte mich. Doch ich weigerte mich, mich davon lähmen zu lassen. Ich sorgte vor, *wir* sorgten vor. Die Menschen, die wussten, dass sie zu den letzten gehören würden, richteten sich ihr Leben so ein, dass sie jederzeit gehen konnten. Auch ich sehe regelmäßig nach, ob meine Pille noch an ihrem Platz liegt, wohlverwahrt in der kleinen Blechdose in meinem Nachttisch, und das beruhigt mich. Wer die Vorstellung an dieses grenzenlose Alleinsein nicht ertragen hat, hat längst die kleine, unscheinbare Tablette geschluckt. Auch von unseren Nachbarn in der Enklave sind ein paar freiwillig gegangen. Wir haben sie betrauert und begraben und vermissen sie, aber wir haben sie gehen lassen.

„Fürchtest du dich?“, habe ich Jonas einmal gefragt.

„Wovor? Vor dem Sterben?“

„Vor dem Alleinsein.“

„Nein. Wir sind nicht allein, nie. In jeder Ameise, in jeder Maus kann die Seele einer guten Freundin leben. Ich glaube fest daran, dass wir nach unserem Tod die Nähe zu denen suchen, die wir einst gekannt haben.“

„Und der Tod? Macht er dir keine Angst?“

„Jeder Mensch muss sterben, auch ohne Virus.“

„Aber was, wenn du ganz allein stirbst? Wie malst du dir dein eigenes Ende aus?“ Ich stellte ihm diese Frage, als ich ihn etwas besser kannte, kurz, bevor wir ein Paar wurden.

„Friedlich“, sagte er.

Als ich mit Tee und einer Schale Gemüsesuppe zurückkomme, hat er die Augen geschlossen. Er sieht wirklich friedlich aus, und er ist nicht allein. Ich stelle das Tablett auf den kleinen Tisch neben seinem Bett, und er öffnet die Augen und sieht mich an.

„Du hast genügend Holz für ein, zwei Jahre“, sagt er. „Das Dach müsste noch mindestens zehn Jahre halten, die Solaranlage hält mit etwas Glück noch ein Weilchen durch, den Brunnen haben wir erst im letzten Jahr gereinigt.“

Ich setze mich zu ihm aufs Bett und greife nach seiner Hand. Sie ist kühl und trocken und erinnert mich an Papier, rau und brüchig wie die Seiten der Bücher in der Bibliothek unserer Enklave. Sanft erwidert er meinen Druck. Ich bringe kein Wort heraus, aber das ist auch nicht nötig. Wir haben so oft darüber gesprochen: Wer zuerst geht, soll gehen, ohne sich schuldig zu fühlen. Wir haben zusammen das Haus instandgehalten, Vorräte angelegt und alle Vorkehrungen getroffen. Wir wussten, dass einer von uns zurückbleiben würde, und wir wussten auch, dass ich wohl diejenige sein würde, die Jonas betrauert, nicht umgekehrt.

All das war uns, war *mir* vorher klar. gewesen Doch jetzt sitze ich da, sehe Jonas beim Sterben zu und versuche, meine Tränen zurückzudrängen. Doch Jonas schüttelt lächelnd den Kopf.

„Du wirst nicht allein sein“, sagt er. „Sie werden auf dich aufpassen.“

XARIX

Seit mehr als vierzigtausend Jahren lebe ich auf diesem Planeten. Eine lange Zeit für die irdischen Bewohner, deren Leben ihnen jedes Mal aufs Neue einmalig und einzigartig und viel zu kurz erscheint. Doch verglichen mit dem Alter dieses Planeten, mit dem Alter des Universums, ist es nicht mehr als ein Wimpernschlag.

An unzählige Körper habe ich mich gebunden. Die Körper starben, neue wurden geboren. Ein unendliches Leben, eingeteilt in viele kleine Leben, wie die Kapitel eines Buches mit unendlich vielen Seiten. Am längsten hielt die Bindung an eine Ulme, die dreihundert Jahre alt wurde; am kürzesten war ich mit einem Frosch verbunden, der schon als Laich von einem Fisch gefressen wurde. Doch der Tod schreckt uns nicht, da wir *wissen,* dass es nicht das Ende ist.

Homo capitalis mag es vielleicht ahnen, aber im Kern bleibt ihm nichts anderes übrig, als zu glauben. Doch sie haben Phantasie, und sie fragen sich, wie es wohl sein mag: Ewiges Leben.

Ein Leben ohne Ende verläuft nicht geradlinig von der Geburt bis zum Tod, sondern beschreibt eine Kreisbahn. Nach dem Tod folgt die nächste Geburt, so wie auf jeden Winter der nächste Frühling folgt. Du kannst lernen und Erfahrungen sammeln, ohne dass dir die Zeit davonläuft. Du darfst Fehler machen, denn spätestens im nächsten Leben stehen dir erneut alle Türen offen. Du lebst nicht auf den Tod hin, sondern ganz in dem Moment. Wenn du weißt, dass es ewig so weiter gehen wird, erkennst du, dass das Leben keinen Sinn hat, es aber trotzdem gut und sinnhaft sein kann. Es kommt nicht darauf an, was du in einem Leben erreichst, denn was ist schon ein Leben?

Für die Seelen auf diesem Planeten gilt ein Leben alles – und zugleich nichts. Homo capitalis wird von der Angst getrieben, nach dem Tod in der Bedeutungslosigkeit zu versinken. Sie wollen die Welt, wie sie ist, verändern; sie hinterlassen ihre Spuren, um nicht in Vergessenheit zu geraten. Jahrtausende lang unternahmen die Menschen alles, um sich die Erde untertan zu machen. Rücksichtslos, selbstzerstörerisch und grausam. Und vor allem: unumkehrbar.

Wir Ranger haben diese Entwicklung mit eigenen Augen gesehen und am eigenen Leib gespürt, doch uns waren die Hände gebunden. Unser Auftrag lautete: beobachten, nicht eingreifen.

Lange Zeit genügte es, die Menschen nur aus der Ferne zu beobachten. Wir banden uns vor allem an Vögel, denn sie können den Menschen nahekommen, und die Gefahr, versklavt zu werden, ist nicht allzu groß. Wir konnten in ihren Lagern leben, ihre Gespräche belauschen und sie bei ihren Tätigkeiten beobachten. Doch je weiter die Entwicklung voranschritt, desto schwieriger wurde es. Die Menschen verbannten immer mehr Geschöpfe aus ihrer unmittelbaren Umgebung. Nur wenige Tiere wie Hunde, Katzen und einige ausgewählte Vögel duldeten sie noch in ihrer Nähe. Doch die Nähe des Menschen ist immer gefährlich. Sie mögen friedlich und zugewandt scheinen, und dann, von einem Moment auf den anderen, schlagen sie die, die sie lieben. Sie quälen ihre Hunde, um sich an ihrem Leid zu ergötzen, schlachten die Katze, um eine Hungersnot zu überleben.

Ich habe alles erlebt.

Wir sterben, kehren zurück und beobachten.

Mit der Erfindung des Buchdrucks änderte sich alles. Die Menschen konnten jetzt ihre Gedanken austauschen, ohne sich von Angesicht zu Angesicht gegenüberzusitzen. Wir können ihre Schrift auch in Gestalt eines Tieres entziffern, so wie wir ihre Sprache immer verstehen, gleich, an welches Geschöpf wir uns binden. Aber ein Hund in der Bibliothek, eine Katze, die in einem Buch blättert? Haustiere, die philosophische Abhandlungen lesen? Hexerei! Teufelswerk! Wer von uns nicht rechtzeitig fliehen konnte, starb auf dem Scheiterhaufen.

Obgleich es niemals vorgesehen war, mussten wir uns an Menschenkörper binden. Wir hielten uns im Hintergrund, griffen niemals aktiv ein. Gleichwohl beeinflussten wir das Geschehen, denn allein unsere Anwesenheit beruhigt sie und scheint sie zu inspirieren. Trugen wir womöglich unbeabsichtigt zu jener Entwicklung bei, die den Homo capitalis an den Rand des Abgrunds geführt hat?

Oder hätte er ohne uns denselben Weg eingeschlagen? Hätten wir die Entwicklung kommen sehen müssen? Hätten wir den Homo capitalis aufhalten müssen?

Wir kamen als Beobachter. Niemand von uns war darauf vorbereitet, sie auszulöschen. Anders als bei den Seelen dieses Planeten liegt es nicht in unserer Natur, anderen Geschöpfen Schaden zuzufügen.

Doch es blieb uns nichts anderes übrig. Obwohl nicht wir, sondern der Hohe Rat die Entscheidung getroffen hat; obwohl uns keine Strafe droht; obwohl wir keinem Wesen ein Leid antun, haben wir Schuld auf uns geladen.

An dieser Schuld werden wir tragen, solange wir leben.

KIRA

Es war aus. Sie hatte ihr Bestes gegeben, alle hatten das, aber es hatte nicht gereicht. Die menschliche Spezies würde unwiederbringlich aussterben.

Es hatte einmal eine Zeit gegeben, in der sich Kira für alles die Schuld gegeben hatte: für die Zerstörung der Natur, den weltweiten Hunger, das Artensterben, den Klimawandel. Und vor allem hatte sie sich persönlich für die Rettung der Menschheit verantwortlich gefühlt. Sie war einer der wenigen Menschen gewesen, die überhaupt die nötigen Kenntnisse besaß, Usutu-2 unschädlich und die durch das Virus ausgelöste Unfruchtbarkeit rückgängig machen zu können – wenn es jemals möglich gewesen wäre. Doch wer immer dieses Virus zusammengebaut hatte, war ihr und allen Forschenden auf der Welt weit überlegen. Es hatte lange gedauert, bis sie diese Tatsache akzeptiert hatte, und in manchen Momenten brach er immer noch hervor, dieser Ehrgeiz, es doch noch schaffen zu müssen, irgendwie; diese wütende Verzweiflung, dem verdammten Virus endlich sein Geheimnis entreißen zu wollen, um jeden Preis.

Doch damit war es jetzt endgültig vorbei. Die Forschung am Virus wurde in diesem Land offiziell eingestellt. Es gab noch eine Handvoll Labore auf der Welt, in der weiter nach einer Möglichkeit gesucht wurde, das Ende der Menschheit aufzuhalten, doch Kira ahnte, dass auch diese Unerbittlichen irgendwann aufgeben würden. Dazu kannte sie das Virus zu gut.

Die letzten Menschen waren jetzt zehn Jahre alt, in spätestens siebzig, achtzig Jahren würden auch sie tot sein. Die meisten von ihnen würden vermutlich schon vorher sterben, denn wer sollte sie behandeln, ihre Medikamente produzieren, sie operieren und gesundpflegen, wenn sie krank wurden oder einen Unfall erlitten und sich nicht mehr selbst versorgen konnten? Ihre Lebenserwartung war ohne die hochtechnisierte Medizin, die den Menschen früher einmal zur Verfügung gestanden hatte und von der sie noch heute profitierten, geringer als bei den Generationen vor ihnen. Medizinische Forschung fand schon jetzt kaum noch statt, für die Behandlung der Kranken griff man auf das zurück, was bereits da war. Kein Pharmaunternehmen investierte noch Milliarden in die Erforschung neuer Medikamente, wenn abzusehen war, dass das Geld nie eingespielt werden würde; kein Konzern interessierte sich für technische Entwicklungen, wenn es sich nicht irgendwann rentierte. Nicht nur in der persönlichen Lebensplanung war den Menschen die Zukunft abhandengekommen; auch die Wirtschaft hatte sich neu orientiert auf das, was *heute* Geld brachte. Langfristige Projekte, die lediglich mit der Verheißung satter Gewinne locken konnten, gehörten nicht dazu.

Kira schaute auf das kleine Glasfläschchen vor sich, mit dem vor zwanzig Jahren alles begonnen hatte. Ihr damaliger Chef war inzwischen gestorben, die meisten Kolleginnen und Kollegen waren längst entlassen worden oder hatten von sich aus nach einem anderen Job gesucht. Warum sollten sie noch weiter an krankmachenden Viren forschen, wenn bald niemand mehr da sein würde, der sich damit anstecken könnte?

Es war ihr letzter Arbeitstag, das Institut wurde endgültig geschlossen. Kira war die Aufgabe zugefallen, die Auflösung der Labore zu koordinieren. Sie hatte dafür zu sorgen, dass sämtliche gefährlichen Substanzen vernichtet wurden, und alles so weit vorzubereiten, dass sich die Mitarbeiter von *Aufräumen!* gefahrlos an die Arbeit machen konnten. Tagelang waren Kira und der klägliche Rest der Institutsangestellten damit beschäftigt gewesen, Labormaterialien, Flaschen und Tiegel zu sterilisieren und zu schreddern, um die Gefahren, die von den hier gelagerten Proben und Chemikalien ausgingen, zu bannen. Sie hätte bei dieser Arbeit gerne Ben an ihrer Seite gehabt, doch der war schon lange tot. Drei Jahre, nachdem er das Institut verlassen hatte, war er bei einem Unfall ums Leben gekommen.

Nein, nicht Ben, hatte sie gedacht, als die Nachricht sie erreichte. Ein Unfall? Das passte so gar nicht zu dem ruhigen, besonnenen Ben. Kira dachte noch oft an ihn, auch heute noch, dabei waren sie nie mehr gewesen als Kollegen, die sich hin und wieder auch außerhalb der Arbeit getroffen hatten. Als er noch gelebt hatte, war ihr gar nicht klargewesen, wie viel er ihr bedeutete.

In wenigen Tagen würde ein Aufräumtrupp kommen und so viel Plastik und Kunststoff aus dem Gebäude holen wie möglich. Fensterrahmen, Arbeitsplatten, Bodenbeläge, Stühle, Tische, Schränke; die Tabletts aus der Kantine, die Kugelschreiber aus den Büros, die Spatel und Spritzen aus den Laboren. Der gesamte Müll wurde anschließend in leistungsstarken Anlagen mit effizienten Filtern verbrannt, sodass nur winzige Mengen Mikroplastik freigesetzt wurden.

Aus der privaten Initiative *Aufräumen!*, die wenige Jahre nach der ersten Botschaft von jungen Leuten wie Malou gegründet worden war, war längst eine weltweit agierende Organisation geworden, finanziert durch großzügige Spenden und Erbschaften von Menschen, die ohne Nachkommen nicht mehr wussten, wohin mit ihrem

Reichtum. Es war immer noch eine private Initiative, doch inzwischen war es eher ein Zusammenschluss der meisten Umweltschutzverbände, die es früher einmal gegeben hatte. Wo immer es möglich war, arbeitete *Aufräumen!* mit öffentlichen Verwaltungen auf der ganzen Welt zusammen. Systematisch durchforsteten die Teams Gebäude, Straßenzüge und ganze Ortschaften, sobald diese aufgegeben wurden. Sie betrieben flächendeckend Aufklärungsarbeit und forderten alle Menschen dazu auf, Müll zu sammeln. Überall gab es Sammelstellen, und wer dort etwas abgab, bekam ein wenig Geld, später auch Lebensmittel.

Spezialisierte Einheiten kümmerten sich um große Industriebetriebe, deren Rückbau sich über mehrere Jahre hinziehen konnte. Natürlich konnte nicht alles abgerissen und entsorgt werden, aber das war auch nicht nötig. *Aufräumen!* konzentrierte sich auf Umweltgifte wie Kunststoffe und Chemikalien – alles, was nur schwer abbaubar war und die Böden, das Wasser oder die Luft auf Jahrzehnte oder gar Jahrhunderte weiter belasten würde. Die Menschen würden es nicht schaffen, spurlos von diesem Planeten zu verschwinden, aber einige von ihnen gaben sich Mühe, damit so wenig Gefahr wie möglich von ihrem Müll ausging.

Kira nahm das kleine Fläschchen in die Hand. Sie hatte es sich bis zum Schluss aufgehoben. Das

Virus hatte sich längst überall auf der Erde ausgebreitet und sein Werk getan. So gut wie alle Menschen waren infiziert, während Usutu-2 in all den Jahren kein einziges Mal in einem Tier nachgewiesen werden konnte. Es gab keinen vernünftigen Grund, diese eine Probe länger aufzubewahren, doch Kira, die eigentlich nicht zu Sentimentalitäten neigte, zögerte kurz. Ein Andenken, woran? An jene Zeit, in der sie einmal glaubte, als Wissenschaftlerin zu Ruhm und Ehre gelangen zu können? An die Jahre, in der sie sich einbildete, die Menschheit retten zu können? An den Augenblick, in dem sie erkannte, wie vermessen diese Vorstellung gewesen war?

Sie warf das Fläschchen in den Schredder. Ein kurzes Rumpeln, dann war es vorbei.

Wie benommen trat Kira vor die Tür des Instituts. Von den alten Bäumen, die früher hier gestanden hatten, waren nur noch drei übriggeblieben, alle anderen waren in den trockenen Sommern der letzten Jahre verdorrt und gefällt worden. Kira atmete tief ein. Die Luft roch trocken, staubig und auch ein wenig brackig. Im Hafen legten längst nicht mehr so viele Frachter an wie früher, ganze Kaianlagen waren verwaist und verfielen allmählich, doch der Wind trug immer noch diesen typischen Hafengeruch mit sich. Als sie sich in Bewegung setzte, achtete sie nicht auf die Menschen um sie herum; einmal wurde sie angerempelt, zwei Mal mussten Radfahrer ihr ausweichen und riefen ihr Unverständliches hinterher.

Wann genau war ihr klar geworden, dass sie es nicht schaffen würden? Im Rückblick schien es ihr, als müsste sie es von Anfang an gewusst haben, seit sie dieses neue Virus zum ersten Mal gesehen und erkannt hatte, dass sie es mit etwas zu tun hatte, dass es streng genommen gar nicht geben durfte. Aber das konnte nicht sein, ihre Erinnerung musste sie täuschen. Es war vielleicht eine Ahnung gewesen, die dumpfe Drohung, was passieren *könnte*. Ein Damoklesschwert, das sie nur noch weiter angespornt und vor sich her getrieben hatte, weiter, weiter, eine Lösung musste her, hatte der Mensch nicht schon immer Lösungen gefunden, war das nicht geradezu seine hervorragendste Eigenschaft: sich nicht mit dem Unmöglichen abzufinden, sondern zu sagen: Aber ich will! Es muss! Immer auf der Suche nach Verbesserungen und Neuerungen, um auszubrechen aus den engen Grenzen, die die Natur ihm setzte.

Diese Grenze jedoch konnten die Menschen nicht überwinden. Usutu-2 hatte sich allen Plänen und Vorstellungen, die der Mensch sich über seine Zukunft gemacht hatte, in den Weg gestellt. Doch anders als bei einem Auto, das mit Höchstgeschwindigkeit gegen eine Hauswand donnerte, war es, als wäre die Menschheit in eine Mauer aus Watte gefahren. Der Bremsweg war lang, niemand kam zu Schaden, der Wagen bekam keinen

Kratzer, sondern blieb irgendwann einfach stehen. Manche Pläne konnten noch umgesetzt werden, kleine private wie größere gesellschaftliche: Das Haus wurde noch gebaut, der Baum gepflanzt, die Reise unternommen; das Wahlrecht wurde geändert, das Tempolimit eingeführt, der Kohleabbau eingestellt. Andere Vorhaben verschwanden sang- und klanglos und wichen der Aufgabe, das Leben neu zu gestalten, unter sich ständig ändernden Bedingungen. Auch Kiras Lebensweg wäre ohne Usutu-2 mit Sicherheit anders verlaufen. Sie wäre gewiss irgendwann ins Ausland gegangen, hätte das Forschungsfeld gewechselt, sich neu orientiert.

Neu orientieren musste sie sich jetzt auch, aber anders, als sie es sich erträumt hatte. Es genügte ein Besuch in einem gewöhnlichen Supermarkt. Bis auf wenige Ausnahmen gab es nur noch regionale Produkte, Importwaren wie Zitrusfrüchte, Avocados oder Kokosnüsse waren unerschwinglich geworden. Alles, was früher aus weit entfernten Teilen der Erde herangeschafft worden war, war heute Mangelware. Die globalen Lieferketten waren immer weiter gerissen, bis aus dem einst fein gesponnenen Netz ein zerfleddertes Etwas geworden war. Die hohen Preise für fossile Energien, der Fachkräftemangel und der strikte Protektionismus Chinas und der USA hatten den weltweiten Warenverkehr zum Erliegen gebracht. Produkte aus Südeuropa wie Orangen oder Bananen gab es noch, waren aber so teuer, dass sie zu echten Luxusgütern geworden waren.

Oberflächlich betrachtet schien sich das Straßenbild von heute gar nicht so sehr von dem Bild vor dem Virus zu unterscheiden. Bei schönem Wetter schlenderten die Menschen durch die Stadt, die Cafés und Parks waren gut besucht, Theater und Kinos hatten geöffnet, genau wie die Restaurants und Kneipen. Die meisten Menschen in diesem Land brauchten nicht zu hungern, sie hatten genug zum Anziehen und ein Dach über dem Kopf. Es mangelte ihnen zwar an nichts, doch es fehlte das Neue, das, was eine Gesellschaft sich weiterentwickeln ließ. Das fing an bei der Mode, ging über die Musik und Literatur und Kunst bis zu Erfindungen und technischen Entwicklungen. Gewiss, es wurde immer noch geschneidert, geschrieben und gemalt, aber es fehlte das Schrille, das Empörende, das Aufrührerische, das schon immer ein Vorrecht der Jugend gewesen war.

Der größte Unterschied jedoch fiel nicht sofort ins Auge: Es waren keine kleinen Kinder mehr auf den Straßen zu sehen. Vor zehn Jahren waren die letzten Kinder in Deutschland geboren worden – keine achtzig Jungen und Mädchen, deren Aufwachsen von der ganzen Nation aufmerksam verfolgt wurde. Sie waren alle zusammen in einem Internat untergebracht, wo sie vor den neugierigen Blicken der Öffentlichkeit abgeschirmt wurden. Während sich dieses Land vor dem Virus nur mäßig für seinen Nachwuchs interessiert hatte, die Schulen verfallen ließ, diejenigen, sie sich um ihn kümmerte, schlecht bezahlte und respektlos behandelte, waren die *Kleinsten* plötzlich die Lieblinge der Nation. Alle interessierten sich brennend dafür, wie es dem Nachwuchs ging, wie er aussah, wie er seine Tage verbrachte und sich entwickelte. Über die Kinder wurden Artikel geschrieben, Dokumentationen über sie und ihre Familien erreichten ein Millionenpublikum; es gab Tassen, Geschirrtücher und Servietten mit Bildern der Kinder als Babys, im Kinderwagen, auf der Schaukel, beim Breiessen.

Bis die Familien anfingen, sich zu wehren. Wer konnte, zog in die Nähe des Internats und schottete sich ab, um den Kindern ein halbwegs normales Aufwachsen zu ermöglichen. Sie vernetzten sich und setzten gerichtlich durch, dass die Bilder der Kinder nicht veröffentlicht werden durften.

Kira versuchte manchmal, sich vorzustellen, wie solch ein Aufwachsen, solch ein Leben aussehen mochte. Wie ein Tier im Zoo, eingehegt und behütet, unter ständiger Beobachtung, mit dem sicheren Wissen, zu den letzten Menschen auf der Erde zu gehören. Was erzählten die Eltern diesen Kindern, was erfuhren sie in der Schule über sich und das Leben, das ihnen bevorstand? Was machte es mit einem Kind, wenn es niemals jüngere

Kinder sah, wenn es nie die Erfahrung machte, älter und erfahrener zu sein als jemand anders? Welche Bücher hatten die Eltern ihren Kindern vorgelesen, welche Filme hatten sie mit ihnen angesehen, um sie auf eine Welt und ein Leben vorzubereiten, das kein Mensch zuvor gesehen und gelebt hatte?

Malou war jetzt vierunddreißig Jahre alt und schon längst kein Kind mehr, doch Kira erinnerte sich noch gut an ihren Zorn, als vor zwanzig Jahren die erste Botschaft der Ranger auftauchte. Die Wut der Vierzehnjährigen, geboren aus dem Wissen über den desaströsen Zustand des Planeten, verstärkt durch die Überzeugung, keine Zukunft zu haben. Die Wut hatte sich mittlerweile gelegt, doch oft glaubte Kira, einen leisen Spott aus ihrem Tonfall herauszuhören, ein halb amüsiertes, halb verbittertes stilles Lachen über die angebliche Erfahrung und Weisheit der Älteren. Malou hatte nie verstanden, warum Kira so viele Jahre auf die Erforschung des Virus und der menschlichen Unfruchtbarkeit verwendet hatte, verschwendet, wie sie es nannte. Es sei doch abzusehen gewesen, dass sie das Virus nicht besiegen würden. Doch Malou war viel zu klug, um ihr jetzt unter die Nase zu reiben, sie habe es ja schon immer gewusst.

Gewusst? Gab es denn irgendwelche Gewissheiten außer der, dass die Tage der Spezies *Homo sapiens* gezählt waren? Malou glaubte fest an die

Existenz der Ranger, Kira hingegen tat sich schwer damit, an etwas zu glauben, für das es keine Belege gab. Sie glaubte nicht an die Ranger, so, wie sie auch nie an einen Gott geglaubt hatte.

Gleichwohl zog es Kira jetzt zu der alten Kirche am Hafen. Das Gebäude war geblieben, nur Gott war gegangen und mit ihm alle, die ihm gedient hatten. Doch auch heute kamen Menschen hierher, um Antworten auf ihre Fragen, Trost und Hilfe zu finden, an die Stelle der Religion allerdings war VAVEDI getreten. Ja, die Website, auf der diese angeblichen Ranger Fragen beantworten, gab es noch immer. Da Smartphones und Tablets, wie alle Produkte, deren Einzelteile auf der ganzen Welt produziert wurden, immer seltener und teurer wurden, waren überall öffentliche VAVEDI-Zentren entstanden. In alten Kinos oder Theatern, in kleinen Cafés, aufgegebenen Kaufhäusern oder ehemaligen Kirchen hingen jetzt große Bildschirme. Es gab kleine Terminals, über die du etwas eingeben konntest, und Kopfhörer, über die du dir die Posts vorlesen lassen konntest, die in chronologischer Reihenfolge auf den Monitoren angezeigt wurden.

Leise betrat Kira das alte Gebäude. Auf den Bänken saßen vereinzelt ein paar Menschen, manche hatte Kopfhörer auf, andere schauten auf den großen Bildschirm, der dort hing, wo früher der Altar gestanden hatte. Kira nahm auf einer der hinteren Bänke Platz, lehnte sich zurück und sah zum Bildschirm, auf dem ein endloser Strom aus Beiträgen angezeigt wurde.

Die Fragen hatten sich im Laufe der Jahre verändert. In der ersten Zeit wollten die Menschen wissen, wo die Ranger herkamen, wie es auf ihren Heimatplaneten aussah, wie andere Gesellschaften im Universum funktionierten, die keine Kriege und keine Ausbeutung kannten. Einige Fragen galten dem Virus, seinem Aufbau, seiner Wirkung, doch diese wurden niemals beantwortet. Viele Menschen wollten auch mehr über dieses Seelenmolekül erfahren, wo und wie es sich mit dem menschlichen Körper verband, wie genau es aufgebaut war, warum der Mensch es noch nie entdeckt hatte. Natürlich gab es auch diejenigen, die die ganze Sache entweder nicht ernst nahmen oder versuchten, die Ranger durch absurde Fragen zu provozieren und aus der Reserve zu locken. *Wäre die Weltgeschichte anders verlaufen, wenn Julius Cäsar grüne Haare gehabt hätte,* lautete eine Frage, an die Kira sich erinnerte, weil sie so absurd, so sinnfrei war. Andere ließen ihrem Hass freien Lauf und fragten, wie man diese *Drecksäcke ausrotten* könne. Es wurde verlangt, Beweise zu erbringen, sonst würde man sich diesen Unsinn nicht länger anhören, jemand forderte *knallharte Aktionen,* ohne genauer auszuführen, was das sein sollte. Schon früh hatten die Ersten angefangen, um Hilfe bei ganz profanen Alltagsproblemen zu bitten, bei den Matheaufgaben in der Schule, bei der Frage, ob ihr Partner sie betrog, bei der Suche nach einer Wohnung oder einen Arbeitsplatz. Auch sie erhielten nie eine Antwort, zumindest nicht von den Rangern, aber darum ging es den meisten wohl auch gar nicht. Sätze mit einem Fragezeichen waren nicht immer nur Fragen.

Egal, was du der Seite anvertraut hast - alle Menschen, überall auf der Welt, konnten lesen oder hören, was dich gerade beschäftigte. Anders als auf anderen Plattformen gab es keine Unterteilung in verschiedene Themenbereiche, niemand sah, von wem der Beitrag stammte, du konntest nur lesen, was andere schrieben, mehr nicht. Manchmal fanden sich in dem Beitrag Hinweise auf die Herkunft, das Alter oder das Geschlecht, aber die meisten, die etwas schrieben, verzichteten darauf, nannten nicht einmal ihren Namen. Es gab auf der Seite keine Regeln, keine Netiquette, keine Privatnachrichten, keine Bilder. Nur eine endlose Abfolge von Beiträgen, chronologisch aufeinanderfolgend, ein stetiger Strom dessen, was die Menschen bewegte. Für alle zugänglich, für alle zu lesen und zu hören. Nichts wurde gelöscht, nichts wurde zensiert, nicht der Hass, nicht die Neugier, nicht die Freude oder die Angst, die die Menschen hier teilten. Lediglich die Fragen, auf die geantwortet wurde, hoben sich von dem endlosen Strom ein wenig ab, doch im Laufe der Jahre waren sie immer weniger geworden. Sich den endlosen Strom menschlicher Gedanken und Wünsche anzusehen und für eine Weile darin zu versinken, hatte etwas Magisches. Viele Menschen berichteten einfach, was sie erlebt hatten, wie sie sich fühlten, was sie sich für sich und ihre Nächsten wünschten. Der Strom schwoll an, wurde zu einem Ozean, einem Chor aus Millionen von Stimmen, einem Zeugnis der menschlichen Natur, mit allem Üblen, das sie hervorbrachte, Beschimpfungen und Beleidigungen, Nachrichten, aus denen der Hass nur so hervorquoll, aber auch allem Guten, zu dem der Mensch imstande war, Geschichten, die Kira die Tränen in die Augen trieben, die ihr Leben reicher machten, die ihr die Augen öffneten. Dadurch, dass sie ungefilterte Botschaften aus allen Teilen der Welt las, fühlte sie sich den Menschen stärker verbunden als je zuvor. Manchmal ließ sie sich die Beiträge in einer ihr fremden Sprache vorlesen, mit geschlossenen Augen lauschte sie dieser ganz besonderen Melodie, die jeder Sprache eigen war, und spürte eine Poesie, die sich ihr mitteilte, ohne dass sie ein Wort davon verstand. In einer Zeit, in der die Mobilität der Menschen immer weiter eingeschränkt wurde, in der das Reisen in die Ferne immer beschwerlicher, der persönliche Austausch über weite Entfernungen immer seltener wurde, bot VAVEDI die Möglichkeit, sich allen anderen Menschen verbunden fühlen zu können wie nie zuvor.

Wenn es diese Seite schon früher gegeben hätte, wäre es vielleicht nie so weit gekommen, las Kira und nickte unwillkürlich.

Sie beugte sich vor und zog die Tastatur zu sich heran. Ihre Finger schwebten eine Weile über den Tasten, dann fing sie an zu schreiben. Es war ihr erster Post auf VAVEDI, ihr erstes Eintauchen in den endlosen Strom.

Ich habe das Gefühl, versagt zu haben. Ich habe zu dem Virus geforscht, und ich habe es nicht geschafft, das Aussterben der Menschen zu verhindern. Es tut mir leid.

Sie schob die Tastatur zurück und holte tief Luft. Ein Gefühl der Erleichterung erfasste sie, als sei eine Last von ihren Schultern genommen worden. Sie blieb noch eine Weile sitzen, ließ die Stille und die Kühle auf sich wirken. Als sie aufstand und sich zum Gehen wandte, warf sie einen letzten Blick auf den Bildschirm.

Es ist schon okay, dass die Menschheit ausstirbt, hatte jemand geschrieben. *Niemand sollte sich deswegen schuldig fühlen. Oder wir alle.*

Seit Jahren versuchte Malou, sie dazu zu bewegen, sich *Aufräumen!* anzuschließen, doch Kira hatte immer gezögert. Was, wenn sie eines Tages doch noch die entscheidende, alles verändernde Entdeckung gemacht hätte? Heute wusste sie, dass sie nie eine Chance gehabt hatten, aber wie hätte sie aufgeben können, und wann? Nach der

Entdeckung des Virus? Nachdem sie herausgefunden hatte, wie es wirkte? Nach der Geburt des letzten Menschen?

Kira war müde. Sie war jetzt vierundsechzig Jahre alt, sie hatte ihr Leben einem einzigen Ziel gewidmet, von dem sie jetzt wusste, dass sie es nie hätte erreichen können. Seit vor ein paar Wochen die baldige Schließung des Instituts verkündet worden war, wusste sie, dass sie sich nach einem neuen Job umsehen musste. Früher einmal wäre es ihr vielleicht möglich gewesen, sich zur Ruhe zu setzen und in Rente zu gehen, den Lebensabend zu genießen, sich ihren Interessen und Hobbys zu widmen, auch wenn Kira gar keine Hobbys hatte, aber das hätte ja noch kommen können. Doch diese Zeiten waren vorbei. Arbeit gab es mehr als genug, jede Hand wurde gebraucht. Allerdings wurden diese Hände immer älter, es gab kaum noch junge Leute, die an die Stelle der Alten treten konnten. Also mussten die Alten weitermachen, solange sie konnten.

Kira hatte Glück, sie würde in dem Bereich weitermachen können, in dem sie sich auskannte. Mehr oder weniger jedenfalls. In den nächsten Jahren würde sie versuchen, Mikroorganismen zu züchten, die in der Lage waren, Mikroplastik oder sonstige Giftstoffe unschädlich zu machen. Ein Projekt von *Aufräumen!*, auf das Malou sie aufmerksam gemacht hatte. Sie würde weiterhin in einem Labor arbeiten, und vielleicht würde ihr

Wissen dazu beitragen, die Evolution ein wenig zu beschleunigen. Früher oder später würden sich zwar ohnehin Organismen herausbilden, die in der Lage waren, die Myriaden an Mikroplastikteilchen, die der Mensch hinterließ, zu verstoffwechseln – aber warum Hundertmillionen Jahre warten, wenn es auch schon in ein paar zehntausend Jahren möglich war?

Kira stand auf dem Vorplatz der ehemaligen Kirche, beobachtete die Menschen um sie herum und empfand einen Frieden, wie schon lange nicht mehr. Sie hatte getan, was sie konnte, und so würde sie es auch weiterhin halten. Sie würde ihr Bestes geben und sich bemühen, niemandem zu schaden, und irgendwann würde sie sterben. Ihr Körper würde in die Atome zerfallen, aus denen er bestand, und wer weiß, vielleicht würden ein paar dieser Atome sich eines Tages auf die Reise machen, diesen Planeten verlassen, das Universum bereisen, andere Welten kennenlernen. Dieser Gedanke hatte sie schon immer fasziniert: dass es nach dem Tod nicht wirklich vorbei war. *Es* ging weiter – welches Es, fragte sie sich flüchtig: das Leben? *Es* verwandelte sich, auch wenn sie von dieser Verwandlung nichts mitbekommen würde.

Hatte sie Angst vor dem Tod, vor dem Sterben? Malou hatte sie das gefragt, mehr als einmal hatten sie darüber gesprochen, so wie in diesen Tagen viel über das Sterben und den Tod gesprochen wurde, den eigenen, ganz persönlichen, und den der Menschheit.

Nein, hatte Kira geantwortet und ihr das mit den Atomen erklärt, dass die Luft, die wir atmen, voller Atome sei, die irgendwann einmal vermutlich Teil eines Menschen gewesen waren; dass in ihr selbst so gut wie sicher ein Atom verbaut sei, dass einmal in Jesus gesteckt hatte – aber auch eines von Nero.

Eigentlich sei das ja so ähnlich wie die Idee mit dem Seelenmolekül, hatte Malou gesagt.

Das schon, hatte Kira erwidert, aber der springende Punkt sei ja, dass die Leute diesem Seelenmolekül etwas andichteten, was es nicht haben könne: eine Art Bewusstsein. Irgendetwas, das einen Menschen ausmache. Oder ein Tier. Und das sei Unsinn.

Ach ja?, hatte Malou nur gesagt.

Eine Familie lief vorbei. Etwas an diesem Bild verwirrte Kira, doch es dauerte einen Moment, bis sie wusste, was es war. Es war eine *Familie.* Ein Mann, eine Frau, ein Kind. Ein Junge, der nicht älter als elf, zwölf Jahre sein konnte. Die Menschen auf der Straße drehten sich nach den dreien um, doch sie schienen es kaum zu bemerken. Kira sah den Jungen an, für einen winzigen Moment trafen sich ihre Blicke, und Kira spürte, wie ihr Herz einen Schlag aussetzte.

Diese Augen, diese Gesichtszüge, dieses sanfte, verhaltene Lächeln. Er schien ihr sogar zuzunicken, als hätte er sie wiedererkannt, doch im nächsten Moment hatte er den Blick bereits abgewendet und sagte etwas zu der Frau, die wohl seine Mutter war.

Kira schloss die Augen.

Das war Ben gewesen; sie war sich ganz sicher. Obwohl der Junge ganz anders aussah als ihr ehemaliger Kollege, obwohl Ben tot war und sie nicht an dieses Märchen von Seelenmolekülen und Wiedergeburt glaubte, fühlte Kira sich unvermittelt geborgen und sicher, sie war getröstet und ruhig. Alles wird gut.

VAVEDI

Macht mit beim Aufräumen! Schließt euch an!

Meine Mutter liegt im Sterben. Sie war eine gute Frau. Bitte betet für sie.

Habe heute von einer guten Seele ein Stück Schokolade geschenkt bekommen. Welch ein Genuss!

Ich danke euch, ihr habt meine Gebete erhört, meine Frau ist wieder gesund geworden.

Ich war heute am Fluss, ich bin mir sicher, dass ich einen Seggenrohrsänger gesehen habe. Dabei dachte ich, der wäre längst ausgestorben!

In meinem Dorf leben nur noch fünf Menschen. Ich bin der Jüngste, ich pflege die anderen und werde sie auch nicht verlassen. Aber was geschieht mit mir, wenn ich ganz allein bin? Wer pflegt mich? Ich habe Angst.

Ihr seid nicht allein. Wir werden für euch da sein.

Gestern traf ich einen Mann, der immer noch nicht glaubt, dass die Menschheit ausstirbt. So ein armer Narr.

Mein Sohn ist gestern zwölf Jahre alt geworden. Ich habe

eine Torte für ihn gebacken. Seine Gäste waren alle mindestens zwanzig Jahre älter als er. Am Ende haben wir geweint.

Wenn ich früher aus dem Fenster geschaut habe, sah ich nur eine große Werft. Heute sehe ich das Meer. Und den Sonnenuntergang.

Ich habe mir heute eine Pille geholt. Jetzt sitze ich hier und starre sie an.

Diese gottverdammten Aliens! Wir hätten ihnen gleich am Anfang gewaltig in den Arsch treten sollen, dann hätten wir jetzt nicht diesen Schlamassel.

Auf dem Dachboden habe ich eine Kiste mit Büchern gefunden, aus der Zeit, als es noch kein Virus und keine Ranger gab. Komisch, so etwas zu lesen. Wie von einem anderen Planeten.

In meinem nächsten Leben binde ich mich an einen Vogel. Einen Adler oder so. Das wird schön!

Eine Frau hat mir gerade erzählt, sie hätte von einer Enklave gehört, in der wieder Kinder geboren werden. Ich weiß nicht, ob ich das glauben soll.

Früher habe ich Brücken gebaut, große Brücken über weite Täler. Ich habe dafür gesorgt, dass die Menschen einander besuchen können. Ich vermisse meine alte Arbeit.

Ich habe einmal mit dem Auto einen Menschen angefahren und bin einfach weitergefahren. Ich schäme mich so dafür.

Scheiße aber auch, ist das anstrengend, sein eigenes Gemüse zu ziehen. Mein Rücken tut weh, meine Hände sind blasig und die Möhren sind schief und krumm und winzig. Scheiße.

Da, wo früher eine Straße war, ist heute ein Fluss.

TALBERT

Vorsichtig schlug er die Plane zurück und betrachtete andächtig seinen M240i. Er hatte ihn all die Jahre gut gepflegt, auch wenn es immer schwieriger wurde, die Ersatzteile dafür zu bekommen. Neulich wollte er Scheibenwischergummi kaufen – gab's nicht. Wozu er denn diesen Mist bräuchte, hatte der Verkäufer ihn gefragt. Talbert hatte sich umgedreht und war gegangen.

Aber heute war ein ganz besonderer Tag. Es war sein siebzigster Geburtstag, und er hatte sich vorgenommen, einen Ausflug zu machen, wie früher. Am liebsten würde er ja eine Spitztour machen, sich einfach ins Auto setzen und losfahren, sich treiben lassen, irgendwo im Grünen anhalten, etwas frische Luft tanken, einen Landgasthof ausprobieren, dann weiterfahren und die Gegend erkunden, aber das war ihm zu riskant. Nicht, dass er am Ende noch irgendwo liegenblieb. Bei den Spritpreisen heute war jede Fahrt ein teures Vergnügen, ganz abgesehen davon, dass es kaum noch Tankstellen gab. Fast einen ganzen Tageslohn musste er für einen Liter hinlegen, und er verdiente noch vergleichsweise gut. Aber was soll's – für wen sollte er sein Geld horten? Malou brauchte es nicht, das hatte sie ihm immer wieder versichert. Sie würde es ohnehin nur den Aufräumern schenken, da konnte er sich lieber noch eine schöne Zeit davon machen.

Er wollte zu dem Dorf, in dem seine Mutter aufgewachsen war, zum Haus seiner Großeltern. Er war schon seit Jahren nicht mehr dort gewesen und wollte sehen, wie es sich verändert hatte. Vielleicht gab es ja sogar noch diesen Biergarten am Fluss, in dem er früher ab und zu war, gerne mit seiner aktuellen Freundin. Auch mit Malou war er einmal dort gewesen, aber das war schon lange her.

Auf der Autobahn war er weit und breit der Einzige in einem Pkw, außer ihm waren nur noch Lkw unterwegs. Hin und wieder überholte er einen dieser Oldtimer, aber meistens hatte er freie Fahrt. Früher hätte er jetzt Gas gegeben und seinen M240i voll ausgefahren, doch das wäre zu teuer und zu gefährlich. Die Autobahnen zählten zwar nach wie vor zur kritischen Infrastruktur, da es billiger gewesen war, das bestehende Straßennetz zu erhalten, als das Schienennetz der Bahn für den Warentransport auszubauen – aber mit den Autobahnen von damals war diese Strecke nicht zu vergleichen. So etwas hätte es früher, vor dem Virus, höchstens auf einer vernachlässigten Kreisstraße irgendwo am Arsch der Welt gegeben. Es gab nur noch eine Fahrspur in jede Richtung, doch immerhin waren die Schlaglöcher ganz anständig geflickt, und er kam gut voran. Wenigstens gab es keine Staus mehr.

Sobald er von der Autobahn abbog, schwante ihm Böses. Er musste verdammt aufpassen, dass er sich auf der Holperpiste keinen Achsbruch holte. Ein Schlagloch nach dem anderen, mehr als 20, 30 Kmh waren nicht drin. Verdammt, sein Coupé war doch kein Geländewagen! Aber die Straße gehörte wohl zu denen, die offiziell aufgegeben worden waren. Denn so lief das jetzt: Alles, was nicht dringend benötigt wurde, wurde einfach stillgelegt, vor allem außerhalb der Städte. Ganze Landstriche waren schon vollkommen entvölkert, vor allem in den Teilen im Osten Deutschlands, die schon immer eher dünn besiedelt gewesen waren. Immer wieder hörte man Horrorgeschichten von verlassenen Häusern auf dem Land, in denen jemand Leichen fand, halb aufgefressen von den Wölfen und anderen wilden Tieren, die sich dort ausbreiteten, wo der Mensch verschwand. Die meisten Menschen verließen ihre Dörfer freiwillig, sobald Wasser und Strom abgestellt wurden, weil sich der Unterhalt der Netze nicht mehr lohnte, aber man hörte immer wieder von Leuten, die sich weigerten und auf Teufel komm raus nicht wegziehen wollten. Sollen sie doch, niemand zwang sie. Bis irgendein armes Schwein dann ein paar Jahren später ihre Leichen entdeckte. Oder das, was die Tiere von ihnen übriggelassen hatten.

Als er das Dorf erreichte, merkte er sofort, dass dieser Ausflug eine ganz schlechte Idee gewesen war. Den Biergarten gab es nicht mehr, und der Fluss war auch nur noch ein Rinnsal. Klar, wenn kein Wasser mehr nachkam, weil's keine Gletscher mehr gab … Der ganze Ort war zu einem Geisterdorf geworden. Die meisten Häuser standen zwar noch, aber niemand wohnte mehr darin. Bei den meisten fehlten die Fenster samt Rahmen – offenbar war schon ein Trupp Aufräumer hier gewesen. Manche Gebäude standen schon länger leer, die Zeit und das Wetter hatten deutliche Spuren hinterlassen. Der Putz bröckelte von den Wänden, die meisten Dächer waren eingefallen, zwischen den Gehwegplatten wuchsen Unkraut und kleine Bäume. Die Gärten waren so verwildert und zugewuchert, dass manche Häuser ganz hinter dem Gestrüpp verschwanden. Umgestürzte Bäume versperrten die Straßen, der Asphalt war an vielen Stellen aufgebrochen. Beim alten Biergarten lagen noch die Überreste einiger umgekippter Biertische auf der Terrasse. Sah ziemlich traurig aus, das Ganze. Talbert suchte das Haus seiner Großeltern. Als Kind hatte er sie im Sommer besucht, hatte im

Garten und am Fluss gespielt, war mit den Dorfkindern über die Wiesen getobt und hatte mit ihnen im Wald Verstecken gespielt. Er hatte seinem Opa in der Werk-statt zugeschaut, der war auch so ein Tüftler gewesen und hatte für die Leute im Dorf die Radiogeräte und Fernseher repariert und auch alles an-dere, was Drähte hatte und mit Strom funktionierte.

Er hatte Mühe, das Elternhaus seiner Mutter zu finden. Das Dach fehlte völlig, eine Wand war ebenfalls eingestürzt. Gut, dass sie das nicht mehr erleben muss, dachte Talbert. Seine Mutter war wenige Jahre nach der Entdeckung des Virus gestorben, sie hat zum Glück nicht mehr richtig mitgekommen, wie es immer weiter den Bach runtergegangen war. Eines Abends war sie in ihrer kleinen Wohnung ins Bett gegangen und am Morgen einfach nicht wieder aufgewacht. Beneidenswert.

Er sah zu, dass er wegkam, dieses Grübeln über die Vergangenheit lag ihm gar nicht, und er war froh, als er wieder in der Stadt war. Nicht auszudenken, wenn ihm irgendwo da draußen in der Pampa der Wagen verreckt wäre. Sein Handy hätte ihm auch nichts genützt, das Funknetz war so löchrig geworden, dass man sich glatt in die Digitalwüste zurücksehnen konnte, die Deutschland einmal gewesen war.

Für den Abend hatte er ein paar alte Kumpels in seine Stammkneipe eingeladen, an seinem Geburtstag wollte er sich nicht lumpen lassen. Es gab Bier für alle und zur Feier des Tages eine Gulaschsuppe mit echtem Fleisch. War nicht ganz billig, denn mit dem Fleisch war es wie mit dem Benzin: Es war so teuer, dass man es sich eigentlich gar nicht mehr leisten konnte, jedenfalls nicht jeden Tag, so wie früher. Malou fand das natürlich super.

Seine Kleine – dabei war sie inzwischen auch schon über vierzig – war schon ewig nicht mehr hier gewesen. Keine Zeit, zu teuer. Er glaubte nicht, dass das nur Ausreden waren. Mit dem Auto konnte man die Fahrt vergessen, für das Geld hätte er früher sechs Wochen nach Bali fliegen können, 1. Klasse und 5-Sterne-Hotel. Flugzeuge waren heute so gut wie gar nicht mehr unterwegs – er hatte Bilder von Flugzeugfriedhöfen gesehen, wo die Maschinen vor sich hin rotteten. Und mit dem Zug? Die Fahrt von München nach Hamburg hatte früher mal siebeneinhalb Stunden gedauert. Heute waren es gut achtzehn Stunden. Wenn man Glück hatte. Die Bahn steckte schon seit Jahren kein Geld mehr in die Züge oder die Strecken. Alles wurde nur noch notdürftig repariert und war inzwischen hoffnungslos veraltet und schrottreif. Große Investitionen lohnten sich einfach nicht mehr, für wen auch? Es lebten noch etwa fünfzig Millionen Menschen in Deutschland, vielleicht auch nur vierzig Millionen, und es wurden immer weniger. Da überlegte man sich schon ganz genau, ob man noch Geld in ein großes Bauprojekt wie einen neuen Bahnhof oder eine neue Straße steckte. Talbert wollte gar nicht wissen, wie viele große und kleine Bauruinen überall im Land herumstanden, weil man zwischendurch beschlossen hatte, dass es zu teuer wäre und zu lange dauern würde, das Ding fertigzustellen.

Wenn mal wieder irgendein Ort vom Starkregen weggespült oder vom Feuer plattgemacht wurde, wurde da nichts wieder aufgebaut – wozu auch? Die Leute zogen einfach um, es gab genug leerstehende Häuser und Wohnungen, selbst in den Großstädten. Vielleicht nicht direkt im Stadtzentrum, aber in den Vororten. Da gab es Villen zum Schnäppchenpreis, aber wer wollte sich schon so einen Riesenkasten ans Bein binden, der jedes Jahr allein Unsummen an Heizkosten verschlang?

Schön war das nicht, wie das alles verfiel, aber er bekam ja zum Glück kaum etwas davon mit. In seiner Gegend standen keine Häuser leer, in den Geschäften gab es alles zu kaufen, was man so brauchte, auch wenn ein paar Sachen heute deutlich teurer waren als früher oder kaum noch zu kriegen waren. Für ein ordentliches Steak konnte er glatt einen Wochenlohn hinlegen, Kaffee gab es nur noch selten, und auch das nur zu horrenden Preisen. Alles, was von weit her angekarrt werden musste, gab es entweder gar nicht, oder es war so teuer, dass es der reinste Luxus geworden war.

Die fetten Jahre waren endgültig vorbei.

Wenn er zur Arbeit fuhr, fiel ihm eigentlich nichts Besonderes auf – die U-Bahnen und Straßen waren voll, die Läden geöffnet, bei schönem Wetter saßen die Leute draußen in den Biergärten und Cafés. Dass so gut wie keine Autos mehr zu sehen waren, fiel selbst ihm kaum noch auf. Und das ganz ohne irgendwelche neuen Gesetze oder Verbote. Angefangen hatte es mit dem Ukrainekrieg, dann kam der x-te Nahostkrieg, bei dem ein paar Ölfelder bei den Saudis abgefackelt sind, dann brachen die internationalen Lieferketten endgültig zusammen, und die USA konnten oder wollten nichts mehr nach Europa liefern. Da war's ganz schnell vorbei mit den bezahlbaren Spritpreisen. Die Ökos haben sich natürlich gefreut - haben sie doch noch ihren Willen bekommen, so auf den letzten Metern.

Dass er mit seinen siebzig Jahren noch arbeiten musste, hätte er sich auch nie träumen lassen. War mal anders geplant gewesen, aber es war ja niemand mehr da, der seine Rente bezahlen könnte. Vor siebzehn Jahren sind in Deutschland die letzten Menschen geboren worden. Dreiunddreißig Jungs und neununddreißig Mädels. Früher wären sie in diesem Alter langsam erwachsen geworden, hätten eine Ausbildung gemacht oder studiert, sich einen Beruf gesucht und irgendwann Geld verdient, von dem dann seine Rente bezahlt worden wäre. Die Gesellschaft war zwar schon vor dieser ganzen Geschichte überaltert gewesen, aber wie bitte sollen zweiundsiebzig Leute alle Alten des Landes ernähren?

Es führte kein Weg dran vorbei, alle mussten mit anpacken, bis sie tot umfielen – auch die zwanzig Millionen, die älter waren als siebenundsechzig und in dem Alter früher ihre wohlverdiente Rente genossen hätten. Bei Talbert klappte es ganz gut, gesundheitlich konnte er nicht klagen, ein paar Probleme mit der Hüfte hin und wieder, aber toi, toi, toi, da waren andere schlechter dran. Allerdings hatten sich die Arbeitgeber auch darauf eingestellt, Höchstleistung verlangte niemand von den Alten. Brachte ja auch nichts, mehr zu fordern, als man kriegen konnte. Die ganze Gesellschaft wurde älter, und die Firmen rissen sich um jeden, der noch für sie arbeiten konnte und wollte. Ehrlich gesagt war er auch froh, was zu tun zu haben; nicht, dass er am Ende noch mit dem Trübsalblasen anfing. Mehr als zuhause sitzen, die hundertste Wiederholung der alten Filme und Serien glotzen und Bier trinken konnte er ja kaum machen. Urlaub war quasi abgeschafft, weil das Reisen so irre teuer war, und zum Sporttreiben war er zu alt und auch zu bequem geworden. Theater und Oper gab es zwar noch, aber das war noch nie sein Ding gewesen. Selbst die Bundesliga war abgeschafft worden – die kriegten keinen Nachwuchs mehr. Wäre ja auch ein irrer Zufall, wenn die dreißig Jungs, die zuletzt geboren worden waren, allesamt Spitzenkicker wären. Und eine Bundesliga mit dreißig Spielern?

Also fuhr er immer noch brav jeden Morgen zur Arbeit. Allerdings baute er keine Autos mehr, und das war echt bitter. Aber die Produktion war schon vor Jahren eingestellt worden, es lohnte sich einfach nicht mehr.

Er war jetzt bei einer Firma, die KIs herstellt, Roboter. Pflegeroboter, um genauer zu sein. Es gab immer mehr Alte und niemanden mehr, der sie pflegen könnte. Der Hauptteil der Forschung war längst getan – Japan und China waren wesentlich schneller gewesen und hatten schon vor Jahrzehnten damit angefangen. In Europa hinkte man hinterher und arbeitete sich eher an Details ab – wie konnte man diese Dinger möglichst menschenähnlich machen, damit die alten Leutchen keinen Herzkasper bekamen, wenn ihnen so eine Maschine den Arsch abwischte. War doch so – Talbert hätte auch keinen Bock drauf, dass sich ein R2D2 an seinem Allerwertesten zu schaffen machte. Aber er hoffte, dass es gar nicht dazu kam. Einschlafen und einfach nicht wieder aufwachen, so wie seine Mutter – das wäre das Beste.

Aber so weit war es bei ihm noch nicht, und im Großen und Ganzen konnte er sich echt nicht beklagen. Wenn das der Weltuntergang sein sollte, dann sollte ihm das recht sein. Die letzten paar Jährchen bekam er auch so noch rum, und solange es noch für sein Bier und ab und zu mal ein Stück Fleisch reichte, sollte es ihm recht sein.

Klar wusste er, dass er echt Glück hatte. Natürlich kannte er die Bilder aus anderen Teilen der Welt, wo die Menschen teilweise wie die Fliegen starben. War da nicht gerade irgendeine Seuche in Indien ausgebrochen, die keiner bekämpfen konnte, weil es nicht genug Ärzte und Medikamente gab und die wenigen, die es gab, es nicht rechtzeitig zu den Menschen schafften, weil's keine Autos mehr gab? Natürlich taten ihm die armen Schweine leid, aber herrje, was konnte er denn dafür? Hatte er die Leute angesteckt? War er verantwortlich für den hohen Ölpreis? Hatte er etwa dieses bescheuerte Virus erfunden?

Nein, er hatte es echt nicht schlecht getroffen. Er konnte sich fast alles leisten, hatte ein paar nette Kumpels, mit denen er ab und zu ein Bier trinken und sich ein Fußballspiel der Regionalmeisterschaft ansehen konnte, und er hatte sogar noch einen Job, der ganz okay war. Er wohnte allein und konnte sein eigenes Ding machen. Klar fehlte ihm manchmal ein bisschen weibliche Gesellschaft, aber erstens war daran ausnahmsweise nicht dieses Virus schuld, und zweitens war das in seinem Alter auch nicht mehr so wichtig. Die Zeit, die ihm noch blieb, würde er sich so behaglich wie möglich machen und dann ohne viel Firlefanz abtreten. Um die Malou machte er sich keine Sorgen, die kam schon zurecht.

Als er nach seiner kleinen Geburtstagsfeier mit Bier und Gulaschsuppe wieder zu Hause war, klingelte sein Telefon, und seine Tochter war dran. Es war zwar lange her, dass sie sich persönlich getroffen hatten, aber sie telefonierten häufig miteinander.

„Herzlichen Glückwunsch, Papa", sagte sie.

Wann hatte sie eigentlich wieder angefangen, ihn Papa zu nennen, so wie früher als Kind? Keine Ahnung, aber es gefiel ihm.

„Danke", sagte er.

„Hattest du einen schönen Tag?"

„Geht so." Er erzählte von seinem Ausflug zum Dorf seiner Großeltern, vom schlechten Zustand der Straßen, den verlassenen Häusern, den umgekippten Biertischen am ausgetrockneten Fluss.

„Klingt traurig", sagte sie.

„Das war es auch", sagte er. Er wartete, dass von ihr etwas in die Richtung *Ich hab's ja immer gesagt* oder *Ist doch super für diesen Planeten* kam, aber sie hielt den Mund, vielleicht, weil es sein Geburtstag war.

„Hast du schon das mit Kira gehört?", fragte sie. „Sie hat die Pille genommen."

„Oh", sagte er.

„Sie hatte einen Schlaganfall und wäre zum Pflegefall geworden. Das wollte sie nicht."

„Scheiße. Aber ich kann's verstehen."

„Ich auch. Trotzdem vermisse ich sie." Sie holte tief Luft, als hätte sie geweint und wollte nicht, dass er es merkte. „Tut mir leid, es ist dein Geburtstag.“

„Schon in Ordnung“, sagte er.

„Ich ziehe übrigens in den nächsten Monaten um“, sagte sie. „Jonas und ich gründen mit ein paar anderen eine Enklave, im Westen der Stadt.“

Davon hatte er schon gehört, von diesen Gemeinschaften am Rand der Städte. Halb Dorf, halb Wohngemeinschaft. Für ihn persönlich wäre das ja nichts, er war und blieb ein Stadtmensch, und das Leben in einer Gemeinschaft täte weder ihm noch der Gemeinschaft gut.

„Bist du dafür nicht etwas zu jung?“, fragte er.

„Wie kommst du darauf?“

„Diese Enklaven sind doch die reinsten Sterbegemeinschaften. Man zieht zusammen, um auf den Tod zu warten. Klingt furchtbar in meinen Ohren.“

„Sterbegemeinschaft? Wo hast du das denn her? Selbstversorgung ist die einzige Möglichkeit, wie die letzten Menschen in ein paar Jahren noch überleben können.“

„Und dafür müsst ihr jetzt eine Kommune gründen? Ich hätte gedacht, mit diesem Hippiespinnkram aus dem letzten Jahrhundert sei es endgültig vorbei.“

„Ach Papa“, sagte Malou. „Einzelkämpfer werden es schwer haben, wenn nur noch eine Handvoll Menschen am Leben ist. Du kannst dann nicht mehr einfach in den nächsten Supermarkt gehen, wenn du etwas zu essen brauchst, und das Wasser kommt auch nicht einfach so aus der Leitung. Wenn die Infrastruktur endgültig zusammenbricht, sind die Lebensbedingungen am Stadtrand am besten. Es gibt genug leerstehende Häuser, ausreichend Platz, um Gemüse anzubauen, und bei Bedarf können wir in der Stadt nach weiteren Vorräten suchen."

„In der Stadt lässt es sich sehr gut leben", sagte er und merkte, dass er trotzig klang wie ein Kind. Er wusste, dass Malou recht hatte, aber er weigerte sich kategorisch, das zuzugeben. Er wollte seiner Tochter nicht sagen, dass sie von Anfang an recht gehabt und er sich geirrt hatte, dass sein Leben, so, wie er es gelebt hatte, diesem Planeten nicht gutgetan hatte, und dass es wohl wirklich ganz gut war, wenn das ganze Elend demnächst vorbei war. Doch wenn er das Malou gegenüber eingestehen würde, müsste er es auch sich selbst eingestehen. Es klang verrückt, aber irgendwie konnte er, solange er es nicht laut aussprach, sich selbst weiter vormachen, es sei alles in Ordnung, irgendwie.

„Noch", sagte Malou nur.

„Können wir uns denn dann noch sprechen?", fragte er.

„Natürlich", sagte sie. „Wir werden dort vermutlich kein Handyempfang haben, aber ich kann in die Stadt fahren, solange es noch Strom und Internet gibt."

Er würde ihr gerne sagen, dass sie sich keine Sorgen zu machen brauchte, dass so ein Stromnetz nicht so einfach zusammenbrach und dass das Internet nicht so leicht kleinzukriegen war, schließlich war es irgendwann einmal vom amerikanischen Militär genau für so einen Fall erfunden worden: dass die Zivilisation zusammenbrach und überall Chaos herrschte. Aber sie wüssten beide, dass das gelogen wäre. Stromausfälle, die ganze Landesteile lahmlegten, häuften sich, denn die maroden Leitungen wurden, genau wie alles andere, nur noch notdürftig repariert.

„Das ist gut", sagte er. „Ich freue mich jedes Mal, wenn ich deine Stimme höre."

Malou schwieg, er glaubte, sie war verblüfft. Er wusste nicht, ob er ihr jemals so etwas gesagt hatte: Dass er sich freue, sie zu hören oder zu sehen. Dass er sich freue, dass es sie gab und dass sie seine Tochter war.

„Ich liebe dich auch, Papa", sagte sie, obwohl er kein Wort von Liebe gesagt hatte, aber seine Tochter war eine kluge Frau und fand immer die richtigen Worte.

Nachdem sie aufgelegt hatten, blieb er noch lange auf dem Sofa sitzen, das Smartphone in der Hand. Es war, wie die meisten Gerätschaften heute, uralt, tausendmal repariert und geflickt, aber es funktionierte noch. Das ganze Leben heute, die ganze Gesellschaft kam ihm uralt vor, immer wieder zusammengeflickt, bis unweigerlich der Tag kommen würde, an dem alles endgültig auseinanderfiel.

Er dachte daran, was Malou von ihrer Tante erzählt hatte, dass sie die Pille genommen hatte. Daran hatte er auch schon gedacht. Heute wurden einem da keine Steine mehr in den Weg gelegt. War ja auch kein Wunder – man brauchte sich ja nur mal eine Dokumentation aus so einem Pflegeheim anzusehen, in dem die Alten und Kranken verwahrt wurden, wo sie tagelang in ihrer eigenen Scheiße lagen und manchmal sogar verhungerten, weil es einfach nicht mehr genügend Leute gab, die sie pflegen könnten, und die Pflegeroboter, die er baute, zu teuer waren oder in der Ecke standen, weil mal wieder der Strom ausgefallen war oder die alten Leute so eine Maschine nicht an sich ran lassen wollten. Inzwischen entschieden sich viele für diese Pille – kurz und schmerzlos, die beste Lösung für alle Beteiligten. Aber Kira? Sie war doch nur ein Jahr älter als Talbert, und er hatte sie immer für eine Kämpferin gehalten. Doch wie sollte sie gegen die Folgen eines Schlaganfalls kämpfen, ohne die Unterstützung, die sie vor zwanzig, dreißig Jahren bekommen hätte? Die Medikamente, die damals jeder problemlos bekommen hatte, waren heute knapp und teuer; dazu kamen die fehlenden Arbeitskräfte in den Kliniken. Von so was wie Reha ganz zu schweigen, das gab's heute gar nicht mehr. Der Kampf wäre ja schon verloren, bevor er begonnen hätte.

Talbert mit seinen siebzig Jahren war auch nicht mehr der Jüngste, und je älter er wurde, desto mehr stieg das Risiko, sich irgendeine blöde Krankheit einzufangen, auch wenn er den Gedanken daran gerne weit von sich schob. Trotzdem hatte er sich schon mal informiert, wie das so funktionierte mit der Pille. Es war echt supereinfach. Man ging zum Arzt oder zur Apotheke und holte sich seine Tablette. Der Name wurde registriert, und man wurde gebeten, Bescheid zu geben, wenn man die Pille schluckte. Damit man nicht in seiner Wohnung verrottete und mit dem Gestank die Nachbarn nervte. Und um denen, die einen fanden, einen ekligen Anblick zu ersparen.

Es gab auch richtige Sterbezentren, so wie in diesem einen uralten Film. Man checkte ein wie in einem Hotel, konnte sich ein kleines Wellnessprogramm aussuchen und eine letzte gute Mahlzeit genießen. Manche veranstalteten auch regelrechte Partys, eine letzte große Sause, dann schluckten sie gemeinsam die Pille und schliefen ein, und keiner hatte den Ärger mit den Leichen.

Eigentlich auch nicht schlecht, wenn er recht überlegte. Wenn sowieso alle sterben mussten, wieso soll man es sich dann nicht so angenehm wie möglich machen? Er hatte keine Angst vor dem Tod, jedenfalls jetzt nicht, aber er wollte nicht ausschließen, dass er es sich noch einmal anders überlegte, wenn es so weit war. Wenn der Tod an die Tür klopfte, hallo, ich bin's, bist du so weit? Möglicherweise würden ihm dann noch tausend Sachen einfallen, die er unbedingt noch erledigen musste, nur noch mal eben kurz, könnten Sie nicht noch einen Moment warten, bitte? Aber was sollte er schon noch zu erledigen haben? Außer Malou hatte er keine Familie, und das Mädel lebte ihr eigenes Leben. Um sie brauchte er sich keine Sorgen zu machen. Eigentlich vermied er es, so gut es ging, darüber nachzudenken, über den Tod. Wer tat das schon gerne? Er wollte nicht elendig verrecken, aber den Tod selbst stellte er sich nicht schlimm vor. Entweder, er merkte dann gar nichts mehr … oder es gab ihn noch, aber er wusste nicht, dass er es war. So oder so – wenn er starb, war Schluss. Punkt. Verpassen würde er jedenfalls nicht mehr viel. Hier ging sowieso alles vor die Hunde, und er wollte nicht der Letzte sein, der das Licht ausmachte.

Falls das mit diesen Seelenmolekülen stimmte – was er eigentlich nicht glaubte, aber es klang immer noch einleuchtender als das, was die anderen Religionen sich so zum Teil ausgedacht hatten – wäre er nächstes Mal gerne ein Geißbock. Die brauchten nicht viel, waren anpassungsfähig und konnten klettern wie die Weltmeister.

Ja, das hätte was. Und vermutlich würde nicht einmal er als Geißbock in den Bergen das Auto vermissen.

KIRA

Ich lebe ohne Körper, und doch ist da immer noch dieses Gefühl: Ich.
Ein Kern, klein und winzig, fast nicht existent.

Diese Freiheit! Diese Weite!
Sehen ohne Augen.
Hören ohne Ohren.
Spüren ohne Sinne.

Ich bin eins mit allem. Das Wissen über das Wesen aller Dinge durchdringt mich. Ein tiefer Frieden erfasst mich.
Ich sehe andere Seelen.
Ich kenne sie, seit ewigen Zeiten schon.
Ich lausche. Ich lache.
Ich erinnere mich an mein letztes Leben.
Ich habe gekämpft und bin gescheitert.
Scham und Schmerz und Trauer trieben mich zu meinem letzten Schritt.

Jetzt bin ich frei.
Frei, zu gehen, wohin ich will.
Frei, zu sein und zu werden, wer ich will.
Frei, mich erneut zu binden.

Ich beobachte Malou.
Sie kämpft.
Ich möchte für sie da sein.

Ich weiß, dass sie einen Hund sucht. Sie spricht mit Jonas darüber, und ich weiß, was ich zu tun habe.

Die Hündin ist unruhig. Gleich ist es so weit, gleich wird sie zum dritten Mal Junge zur Welt bringen.
Ich stehe bereit. Zusammen mit anderen Seelen warte ich auf meinen Einsatz. Ich freue mich auf Malou.
Da! Mein neuer Körper wird geboren.

Alles dunkel.
Und laut.
Und schmerzhaft.
Wo ist ich?
Wer ist ich?
Eine warme, feuchte Zunge auf mir.
Das erste Gefühl nach der Angst: Geborgenheit.
Mein Leben beginnt.

XARIX

Ich erinnere mich an alles. Auch an die Zeit, als der, der heute Jonas gerufen wird, sich an diesen Mann gebunden hat. Sie hätten Brüder sein können, denn auch Jonas ist hochgewachsen, drahtig und ohne Ruhe. Tausend Ideen, neugierig. Die Körper wechseln, doch die Seele bleibt dieselbe.

Seine Werkstatt in Mainz. Große Fenster, helles Licht. Johannes hatte eine Idee, eine Vision. Er liebte Bücher, doch die waren selten und nahezu unerschwinglich. Jedes Wort, jeder Satz musste mühsam von Hand abgeschrieben werden. Jedes Buch ein Unikat, einzigartig, ungeheuer wertvoll. Das Wissen, das in diesen Büchern aufgeschrieben stand, war nur wenigen zugänglich: Gelehrten an den Höfen der Herrschenden, Mönchen in den Klöstern. In den Bibliotheken des Mittelalters war alles Wissen der Welt gesammelt – und wurde bewacht wie ein gefährliches Tier.

Aus dieser Gefangenschaft wollte Johannes die Bücher befreien. Seit er einmal bei einem reichen Kaufmann ein mit einem Gebet bedrucktes Blatt gesehen hatte, war er wie besessen von der Vorstellung, etwas Ähnliches und doch völlig Neues zu erschaffen: ein Buch, das nicht von Hand geschrieben, sondern gedruckt war. Doch es war ein mühseliges Unterfangen, denn für jedes Blatt musste die Druckform aus einem Holzblock geschnitzt werden. Das dauerte lange, und am Ende hatte er nur die Vorlage für eine einzige Seite. Und ein Buch bestand aus vielen, vielen Seiten.

Auch damals hatte ich mich an eine Krähe gebunden, und ich besuchte Johannes oft in seiner Werkstatt. Wir Ranger wissen, von welcher Seele neue Impulse für die Menschheit zu erwarten sind. Wir kennen sie, die Neugierigen, die Wissensdurstigen. Die Seele, die sich an Johannes gebunden hatte, war schon immer wach und rege gewesen; auch in früheren Zeiten hatte sie Werkzeuge und Geräte erfunden, die das Leben der Menschen erleichterten und angenehmer machten. Doch wurde nicht aus dem Faustkeil, den er als Erster schlug, um das erlegte Wild besser teilen zu können, auch die erste Waffe?

Ich beobachtete Johannes. Was würde ihm in diesem Leben einfallen? Welche Folgen würde seine Erfindung für den Homo capitalis haben?

Er freute sich, wenn ich ihn besuchte, und bewahrte stets ein paar Leckereien für mich auf. Im

Sommer standen die Türen der Werkstatt weit offen. Das Lärmen der Stadt drang herein, das Hufgeklapper auf dem Kopfsteinpflaster, das Geschrei der Marktleute, das Hämmern aus den anderen Werkstätten. Ich beobachtete ihn bei der Arbeit, hörte zu, wenn er seinen Freunden von den Schwierigkeiten erzählte, auf die er gestoßen war, und wie er gedachte, sie zu lösen.

Wann immer er nicht weiterkam, litt er furchtbar. Er hielt sich für von Gott verdammt, schwor sich, gleich am nächsten Morgen sein Hab und Gut zu veräußern, in ein Kloster zu gehen und Abbitte zu leisten für den Hochmut, der ihn hatte glauben lassen, er könnte schaffen, was keinem Menschen zuvor je gelungen war: das Wort Gottes zu drucken, nicht nur einmal, nicht zehn Mal, sondern hundertfach. Aber wie sollte er das schaffen, wenn er schon für die Herstellung einer einzigen Druckform, mit der er eine einzige Seite drucken konnte, mehrere Wochen brauchte?

Und dann, eines Tages: Vor der Werkstatt läuft ein junges Mädchen. Sie verkauft kleine, harte Brote, die sie in einem Korb mit sich trägt. Die Brote gleichen einander wie ein Ei dem anderen, der ganze Korb ist voll davon, zwanzig, dreißig Stück mögen es wohl sein. In dem Moment, als das Kind vor der offenen Tür der Werkstatt innehält, fällt ein Sonnenstrahl so auf den Korb, dass die Brote aussehen wie Buchstaben. Kleine Is, unzählige davon.

Ich sehe das Mädchen und den Korb und die Brote darin.

Johannes schaut mich an und folgt meinem Blick.

Er sieht die Brote, die in diesem Augenblick dem Buchstaben I ähneln.

Und er hatte die Lösung gefunden. Er würde nicht eine einzige, große Form bauen, sondern unzählige kleine, für jeden Buchstaben, in großen Mengen, die er immer wieder neu zusammensetzen konnte. Eine neue Idee war geboren, die die Verständigung der Menschen tiefgreifend verändern sollte. Die Welt würde nie wieder so sein, wie sie einmal war.

Hätte Johannes das Mädchen überhaupt wahrgenommen, wenn er meinem Blick nicht gefolgt wäre?

Die Menschen haben die Welt, in der sie leben, fast vernichtet. Wäre es ohne uns so weit gekommen? Oder würden sie noch immer in Höhlen leben, vor wilden Tieren fliehen und ein Gewitter für den Zornesschrei ihrer Götter halten?

Sie wären trotzdem egoistisch und würden keine Grenzen akzeptieren. Auf diesem Planeten vernichten und zerstören auch andere Geschöpfe, es ist nicht allein der Mensch. Aber niemand ist so mächtig geworden wie Homo capitalis, keine andere Spezies ist so maßlos wie er. Auch ohne uns hätte er früher oder später den Planeten an den

Rand des Untergangs geführt, wäre er zu einer Gefahr für das Universum geworden.

Als Individuen sind die Menschen nicht böse, nicht alle, nicht immer.

Als Spezies jedoch sind sie destruktiv. Immer.

Ihre Auslöschung ist unumgänglich.

Der, der sich in diesem Leben Jonas nennt, wird bald sterben. Ich beobachte ihn und Malou, die bei ihm ist. Sie wird zurückbleiben, und meine Aufgabe ist es, ihr die letzten Tage zu erleichtern.

Denn es ist keine Strafe.

MALOU

Mein Vater starb bei der Arbeit an einem Herzinfarkt, dreißig Jahre nach dem Auftauchen des Virus. Drei Jahre zuvor hatte Kira ihrem Leben nach einem Schlaganfall ein Ende gesetzt. Sie nahm eine der Pillen, die damals verteilt wurden, weil es zu viele Alte und Kranke gab, die niemand mehr versorgen konnte.

In diesen Jahren schieden viele Menschen freiwillig aus dem Leben. Aus Angst vor einer Zukunft, die sich nicht wie für alle vorigen Generationen einfach immer weiterspinnen würde, im Guten wie im Schlechten, sondern die irgendwann einfach aufhören würde. Aus. Ende. Vorbei. Ein Abgrund, in den die Menschen wie die Lemminge hinunterstürzten.

Danach wurde es ruhiger. Die verbliebenen Menschen fanden sich damit ab, dass sie die letzten ihrer Art waren. Wer diesen Gedanken nicht ertrug, ging aus freien Stücken. Die anderen machten das Beste daraus und bereiteten sich vor, so gut es ging.

So wie Jonas und ich.

Ich bin bei ihm, als er stirbt, und als ich danach hinaus in den Garten trete, sehe ich die Krähe in der Weide sitzen. Sie beobachtet mich aufmerksam und legt den Kopf schräg. Als ich mich auf die Bank vor dem Haus sinken lasse, noch ganz betäubt, kommt sie angeflogen, setzt sich auf die Rückenlehne und fährt mir mit dem Schnabel durchs Haar.

„Jonas ist tot", sage ich, obwohl sie Bescheid wissen wird.

Sie bleibt noch einen Moment bei mir, dann fliegt sie davon.

Die Krähe ist nur eine von vielen Rangern, die ich im Laufe meines Lebens glaubte erkannt zu haben. Von Anfang an war das eine beliebte Beschäftigung: Zu rätseln, wer ein Ranger sein könnte und wie sich das feststellen ließe. Die meisten Menschen, die ich kannte, waren einfach nur neugierig und hätten sich gerne einmal mit einem dieser fremden Wesen unterhalten. Worin unterscheiden sie sich von uns? Gibt es in ihren Welten tatsächlich keine Waffen, keine Kriege, keine Gewalt? Leben sie wirklich ewig? Wie fühlt es sich an, zu wissen, dass du immer wieder geboren wirst, dass du unendlich viele neue Chancen hast, dass du alle Zeit der Welt hast, aber nie an ein Ende gelangen wirst?

Ich glaube, dass unter den letzten Menschen sehr viele Ranger sind und dass sie dabei geholfen haben, die Reste der menschlichen Zivilisation zurückzubauen. Eine Zeitlang hatte ich sogar Jonas im Verdacht, einer von ihnen zu sein. Er war so klug, hatte so gute Ideen und war stets besonnen und gleichmütig. Ihm schien es nichts auszumachen, dass die Menschheit ausstarb, im Gegenteil. Einmal fragte ich ihn sogar geradeheraus, ob er ein Ranger sei, obwohl ich wusste, dass sie sich niemals zu erkennen gaben.

Er lachte.

„Leider nicht", sagte er.

Und ich glaubte ihm.

Ich würde die Krähe gerne fragen, ob sie ein Ranger ist. Was kann es jetzt noch schaden, wenn sie sich uns offenbaren? Aber was würde mir dieses Wissen bringen? Wäre der Trost, den sie mir spendet, geringer oder stärker? Würden sich meine Gefühle ihr gegenüber ändern?

Am Tag nach Jonas' Tod stehe ich im Garten, den Spaten in der Hand. Wir haben vorher darüber gesprochen, wo wir liegen möchten, wenn es so weit ist. Jonas hat sich eine Stelle hinten auf der Wiese ausgesucht, gleich bei unserer Bank, von der aus ich zum Fluss blicken kann. Wenn ich als Erste gestorben wäre, hätte er mich unter dem Pflaumenbaum auf der Obstwiese begraben, dort, wo auch Kira begraben liegt. Kira, meine Hündin, nicht Kira, meine Tante. Seit vier oder fünf Sommern ruht sie dort, eine wunderschöne Golden-Retriever-Dame mit fast weißem Fell. Wir bekamen sie als jungen Welpen, und sie erinnerte mich sofort an meine Tante: derselbe wache Blick, gepaart mit einer tiefen Traurigkeit. Sie sah mich an, als ich mit Jonas bei unseren Nachbarn war, deren Hündin gerade geworfen hatte, und am liebsten hätte ich sie sofort mitgenommen.

„Das ist Kira", sagte ich zu Jonas, als wir zurück zu unserem Haus gingen.

„Jedenfalls ihre Seele", sagte er.

„Sie hat es gewiss so eingerichtet, dass wir uns noch einmal begegnen."

„Ob ihr das auch klar ist? Wir vergessen doch alles, was vorher war, sobald wir uns an einen neuen Körper binden."

„Aber vielleicht bleibt ja doch etwas. Der Hauch einer Erinnerung, das flüchtige Gefühl, jemandem schon einmal begegnet zu sein. Kennst du das nicht?"

„Doch", sagte er und lächelte. „Verwandte Seelen wandern gemeinsam."

Ich hole tief Luft und fange an zu graben. Der Boden ist hart, die Arbeit ist schwer, und ich weiß, dass ich lange brauchen werde, um eine Grube auszuheben, die Jonas' Körper aufnehmen kann. Ich meine fast, sein leises Lachen zu hören: *Glück gehabt, dass ich als Erster gegangen bin. Da brauche ich wenigstens nicht zu buddeln.*

Doch auch mir bleibt die Arbeit erspart.

Im Gras hinter mir höre ich Schritte. Langsam drehe ich mich um.

Ein junger Mann nähert sich und lächelt mir zu.

Jung? Er muss älter als fünfzig Jahre sein, so lange ist es her, dass die letzten Kinder geboren wurden, doch er wirkt jünger auf mich. Aber was weiß ich schon? Es ist lange her, dass ich einen anderen Menschen außer Jonas gesehen habe. Ich weiß nicht, wie viele von uns überhaupt noch am Leben sind.

„Hallo“, sagt der Besucher. „Ich bin Ben.“

In der Linde neben mir landet eine Krähe. Ist sie es, die mir so eine gute Freundin geworden ist? Sie legt den Kopf schräg und scheint mir zuzunicken. Hat sie Ben zu mir geführt?

Ben sieht die Grube, sieht meinen Spaten.

„Darf ich dir helfen?“, fragt er.

Ich nicke stumm.

Er ist kräftig und schafft die Arbeit mit einer Leichtigkeit, um die ich ihn beneide. Er ist schnell fertig, wesentlich schneller, als ich es je geschafft hätte. Als die Grube vorbereitet ist, hilft er mir, Jonas aus seinem Bett zu heben und durch den Garten zu schaffen. Wir müssen eine Schubkarre zur Hilfe nehmen, so schwer ist mein alter Weggefährte. Trotzdem hat unsere kleine Prozession etwas Feierliches. Wir reden nur das Nötigste, und auch das nur mit leisen, gedämpften Stimmen. Ich habe

Jonas in eine Decke gewickelt. Sie verrutscht, als die Karre über eine Baumwurzel rumpelt, und eine graue Strähne seines vollen Haares taucht auf. Sie wippt mit jedem von Bens Schritten lustig auf und ab, als wollte Jonas mich daran erinnern, dass kein Grund zur Traurigkeit besteht.

Es ist gut so. Die Erde ist ohne uns besser dran, das weißt du doch.

Doch der Schmerz über diesen ganz persönlichen Verlust ist trotzdem da, und ich will ihn mir auch nicht nehmen lassen. Ich pflücke Blumen, mit denen ich ihn zudecke, ehe die schwarze Erde ihn unter sich begräbt. Ich bleibe nicht lange, Abschiede liegen mir nicht. Als ich zum Haus zurückgehe, bleibt Ben zurück.

Während er das Grab zuschaufelt, bereite ich im Haus aus den Kräutern, die im Garten und der Umgebung wachsen, Tee zu. Ich schneide das Brot auf, das ich vor drei Tagen gebacken habe, und wärme die Suppe auf, die ich noch für Jonas gekocht hatte. Ich höre es im Schuppen rumoren, und als ich den Tisch vor dem Haus decke, kommt Ben den Gartenweg entlang. Er hat die Schubkarre und die Schaufel fortgeräumt und sich an der Pumpe gewaschen. Es ist ein milder Sommerabend, die Sonne steht schon tief über den Bäumen, aber es ist noch warm.

„Danke", sage ich.

Er setzt sich zu mir, nimmt von dem Brot und der Suppe und dem Tee.

Auch die Krähe gesellt sich zu uns. Sie lässt sich auf der Lehne der Bank nieder, und ich werfe ihr ein paar Brocken Brot zu, die sie geschickt mit dem Schnabel auffängt.

„Hat die Krähe dir gesagt, dass ich Hilfe brauche?"

Ben lächelt. „Das ist fein beobachtet", sagt er.

Unwillkürlich muss ich lachen. Ich sehe die Krähe an. Sie reckt den Schnabel in die Höhe und macht ein Geräusch, das wie eine Mischung aus Krächzen und Lachen klingt.

„Hat sie eigentlich auch einen Namen?", frage ich.

„Sie nennt sich Xarix", sagt Ben.

„Ich mag sie", sage ich unnötigerweise. „Ich mag dich", sage ich zu Xarix, weil es mir unhöflich vorkommt, über sie zu reden, als sei sie nicht anwesend. Ich bin nervös und fühle mich befangen. Überdeutlich wird mir meine Einsamkeit bewusst, und ich empfinde eine Furcht wie selten zuvor in meinem Leben. Jonas ist tot, und womöglich bin ich der letzte Mensch auf dieser Welt. Der letzte Mensch, der kein Ranger ist. Ich wage es nicht, den Kopf zu heben und meine beiden Besucher anzusehen.

Ben legt mir eine Hand auf den Arm.

„Du bist nicht allein", sagt er. „Wir sind da."

Eine fast unwirkliche Ruhe umfängt mich.

XARIX

Malou ist einer von 3 Millionen Menschen, die noch auf der Erde leben, über den gesamten Globus verstreut. Das sind weniger Individuen dieser Spezies als vor 10.000 Jahren. Sie leben in kleinen Gemeinschaften in den Ruinen der Zivilisation. Ressourcen wie Kleidung, Geschirr, Häuser oder Möbel gibt es im Überfluss, die letzten Menschen zehren von dem, was die Generationen vor ihnen erschaffen haben. Nur die Nahrung müssen sie selbst anbauen, ernten und einlagern. Es gibt keinen Handel mehr, keine Märkte. Keine Kaufhäuser, kein Internet, kein Telefon. Keine Eisenbahn, keine Flugzeuge, keine Autos.

Die öffentliche Stromversorgung ist längst zusammengebrochen. Nur auf lokaler Ebene wird hier und da durch Photovoltaik und Windkraft mit antiquierter Technik noch elektrische Energie produziert.

Gelegentlich besuchen Wanderer die kleinen Gemeinschaften der Menschen. Sie bringen Neuigkeiten; wenn nicht aus der Welt, so doch aus dem nächsten Dorf, der nächsten Stadt. Ab und zu verbreitet sich das Gerücht, irgendwo in der Ferne gäbe es Enklaven, in denen wieder Kinder geboren wurden. Doch es ist nie mehr als das: ein Gerücht. Malous Welt ist eine Welt der Alten. Die letzten Menschen sind über fünfzig Jahre alt.

Allmählich erobert sich die Natur die Erde zurück. Ehemalige Äcker und Weiden werden zu Wäldern, zähe Pionierpflanzen durchbrechen Asphalt und Beton, Tierarten, die fast ausgestorben waren, erholen sich. In Mitteleuropa durchstreifen Wisentherden die menschenleeren Ebenen, Bären und Wölfe ernähren sich von verwilderten Ziegen und Pferden. Die Menschheit hat es nicht geschafft, den Klimawandel aufzuhalten, auch das schnelle Aussterben des Homo capitalis konnte das Auftauen der Permafrostböden, den Anstieg des Meeresspiegels und die Versteppung weiter Teile des Planeten nicht verhindern. Viele Tiere und Pflanzen werden noch aussterben, doch der Zenit der menschengemachten Zerstörung ist überschritten.

Es gibt wieder eine Zukunft.

Ende

Was ist mit unseren erhabensten Schöpfungen – unserer Architektur, unserer Kunst, den Manifestationen unseres Geistes? Sind sie wirklich zeitlos, zumindest zeitlos genug, um fortzubestehen, bis sich die Sonne ausdehnt und unserer Erde zu Asche verbrennt?

Alan Weismann: Die Welt ohne uns

Es mögen nur wenige Mutationen in unserem Genom gewesen sein, ein paar glückliche Fügungen an den wichtigsten Positionen in unserer DNA. Für den Fortgang nicht nur unserer Spezies, sondern des gesamten Ökosystems Erde war es eine Verschiebung von ungeheurer Sprengkraft. Fortan grassierte der Mensch in der Welt. Für alles, was sich ihm in den Weg stellte oder dessen Ausbeutung ihm nutzte, hatte er nichts als tödliche Gewalt übrig. Der harmlose Menschenaffe aus Afrika mutierte selbst zur pandemischen Kraft.

Krause, Johannes; Trappe, Thomas: Hybris

Die Menschen waren es nicht gewöhnt, an der Spitze der Nahrungskette zu stehen, und konnten nicht sonderlich gut mit dieser neuen Rolle umgehen. Andere Raubtiere wie Löwen oder Haie hatten sich über Jahrmillionen hinweg hochgebissen und angepasst. Die Menschen dagegen fanden sich fast von einem Tag auf den anderen an der Spitze wieder und hatten kaum Gelegenheit, sich darauf einzustellen. Viele Katastrophen der Menschheitsgeschichte lassen sich mit dieser überhasteten Entwicklung erklären, angefangen von der Massenvernichtung in Kriegen bis hin zur Zerstörung unserer Ökosysteme. Die Menschheit ist kein Wolfsrudel, dass durch einen unglücklichen Zufall Panzer und Atombomben in die Finger bekam. Die Menschheit ist vielmehr eine Schafherde, die dank einer Laune der Evolution lernte, Panzer und Atombomben zu bauen. Aber bewaffnete Schafe sind ungleich gefährlicher als bewaffnete Wölfe.

Yuval Noah Harari:
Eine kurze Geschichte der Menschheit